조상제의 태화강 물고기 이야기

조상제 지음

들어가는 말

　강이 좋아, 자연이 좋아 물고기 탐사를 다닌 지도 어언 25여 년. 논길, 들길, 샛길 울산 4대강 주변의 길이라면 발길 닿지 않은 곳이 어디 있을까요? 태화강, 회야강, 외황강, 동천의 발원지에서부터 하구까지 구석구석 우리는 물고기를 찾아 봄에도, 여름에도, 가을에도 족대를 드리우고 투망을 던졌습니다.

　그중에서도 오랜 세월 우리 조상들의 진한 애한과 삶을 간직한 태화강은 지금 울산시민들의 마음의 안식처요, 휴식의 정원이요, 힐링의 공간이요, 치유의 공간이 되었습니다. 우리는 이 태화강의 발원지 탑골샘에서 골짜기 얼음이 채 녹기도 전 고사를 지내면서 그해 무사를 기원하며 물고기 탐사를 시작했습니다.

　우리는 태화강의 물고기를 아이들에게 알리려 했습니다. 아이들과 탐사를 같이 하고, 물고기 사진도 찍어서 생태지도를 만들어 학교에 배포했습니다. 아이들은 탐사보고서를 작성해 상급학교 진학에 활용하기도 했습니다. 울산대공원, 태화강국가정원 등 여러 곳에서 물고기 전시회를 거의 매년 열었습니다. 태화강에서 우리 토종 물고기를 잡아먹는 외래종 물고기도, 태화강에서 사라져가는 물고기도, 낙동강에서 새롭게 이입된 물고기도 시민들에게 알렸습니다.

　태화강은 이제 풍요의 공간이 되었습니다. 물고기에게도, 새들에게도, 우리 인간에게도 풍요의 공간이 되었습니다. 봄엔 황어와 은어가, 가을엔 연어가 산란을 위해 떼를 지어 찾아오는 풍요의 공간이 되었습니다. 수만 마리의 떼까마귀와 수천 마리의 백로, 그리고 수십여 종의 새들이 찾아오는 풍요의 공간이 되었습니다. 태화강은 이제 꽃과 새와 물고기와 우리 인간이 어우러지는 풍성하고 아름다운 풍요의 공간이 되었습니다.

　우리는 태화강의 물고기와 우리 시민들이 좀 더 친근해지기를 바라면서 가족과 함께 하는 물고기 탐사를 했습니다. 온 가족이 물옷을 입고 물고기가 뛰노는 강에 들어갑니다. 아버지는 족대를 드리우고, 어머니는 두 발로 물고기를 몹니다. 잡힌 물고기는 아이가 든 물통에 넣습니다. 여기저기서 가족들이 물고기를 잡아 옵니다. 물고기를 큰 수조에 넣고 가족들이 모인 가운데 태화강의 물고기를 소개합니다. 가족들은 잡는 재미, 아는 재미로 시간 가는 줄 모릅니다.

　울산 시민을 대상으로 탐사 연수도 실시했습니다. 코로나19로 참여자를 제한했지만 해마다 20여 명의 시민들이 참여했습니다. 시민들을 대상으로 한 탐사 연수는 울산광역시 생물다양성센터에서 지원했습니다. 연수의 목적은 연수자들이 태화강의 물고기를 알고 분류할 수 있도록 하기 위해서입니다. 조사한 자료를 생물종 목록에 정리하기 위해서입니다. 연수를 받은 연수생들은 차후에 울산의 생물종 다양성을 조사하는 데 참여하게 될 것입니다. 연수생들의 물고기 조사에 대한 열정은 대단했습니다. 좀 아쉬운 점이 있다면 앞으로의 연수에서는 학생들이나 젊은 친구들이 좀 더 많이 참여했으면 좋겠다는 것입니다.

　2013년 울산시가 태화강에 살고 있다고 발표한 73종의 어류들이 실제로 살고 있는지를 조사하였습니다. 또 발표한 목록이 적절한지도 점검하였습니다. 2021년과 2022년 태화강 물고기 탐사에서 울산시에서 발표한 73종의 어류와 태화강에 서식한다고 언급되었던 어종 중 돌마자, 모래무지, 금강모치, 동방종개, 새코미꾸리, 꼬치동자개, 큰가시고기, 대륙송사리 등은 발견되지 않았습니다. 그리고 울산시에서 발표한 73종 중 바다빙어, 알록횟대, 주둥치, 배도라치, 멸치, 웅어, 전어, 청어, 전갱이, 문치가자미, 농어 등은 바닷물고기로 분류하는 것이 바람직하지 않을까 여겨집니다.

비록 완전하지는 않지만 태화강 물고기를 탐사한 기록이나 경험 그리고 흥미로운 물고기 이야기들은 앞으로 태화강의 물고기와 친숙해지려는 울산시민이나 물고기 공부를 하려는 후배들에게 동기부여가 되고, 도움이 되길 바랍니다.

끝으로 그동안 울산의 4대강 물고기 조사를 위해 함께 누빈 동료들에게 깊은 감사를 드리며 이 이야기를 감수하고 추천서까지 써 주신 중앙내수면연구소 송하윤 박사님께 머리 숙여 감사를 드립니다.

2023년 여름 조상제

추 천 사

'시민과학(Citizen Science)'이란 용어가 있습니다. 전문가뿐만 아니라 일반 시민, 어린 학생과 성인 모두가 함께 누구나 참여할 수 있는 과학을 말합니다. 최근 '시민과학'은 세계적인 현상이며, 이는 많은 사람들 즉 지역사회 구성원인 시민들이 자발적으로 함께 머리를 맞대고 '집단 지성'을 통해 과학적인 성과를 도출하고자 하는 데 목적이 있습니다.

태화강은 90년대 급속한 공업화와 도시화로 인해 우리나라에서 대표적인 '죽음의 강'이라는 오명을 가진 바 있었습니다. 이후 '죽음의 강이 돼 버린 태화강을 되살리겠다'는 울산시, 환경단체 등 시민들의 의지와 실천으로 '죽음의 강'이라는 오명을 씻고 황어와 은어, 그리고 연어가 돌아오는 '살아있는 생태하천'으로 그리고 '국가정원'으로 울산시민들의 품으로 돌아오게 되었습니다.

태화강은 지자체와 더불어 사회구성원, 즉 많은 시민들의 자발적인 참여가 있었기에 죽음의 강에서 생태하천으로, 자연이 살아있는 국가정원으로 돌아올 수 있었습니다. 이처럼 '시민과학' 또한 '혼자가 아닌 모두'의 참여가 필요하고 '혼자가 아닌 함께 한다는 것'이 가장 중요하다고 할 수 있겠습니다.

이 책에는 지난 20여 년간 울산시 '시민과학자'들이 태화강의 발원지에서부터 하구까지 직접 현장에서 태화강 모니터링으로 함께 모은 소중한 관찰기록과 고민들이 모여서 만들어진 울산 '시민과학'의 결과물이 담겨 있습니다.

태화강에는 몇 종의 물고기가 살아가는지, 태화강 어디에 살고 있으며, 형태 또는 생태적으로 어떤 흥미로운 특징이 있는지, 그리고 태화강에 살고 있는 모든 물고기들을 지키기 위한 '시민과학자'들의 고민도 담겨져 있습니다.

특히 이 책을 직접 쓴 조상제 선생님은 20여 년 이상을 울산의 4대강을 탐사하고 조사하면서 얻은 여러 경험과 지식을 울산시민, 학생 등과 나누기 위해 '울산 시민과학자 연수', '가족과 함께 하는 태화강 어류 탐사' 등을 실시하고 있으며 태화강에 살고 있는 어류상을 정리하기도 했습니다.

이 책은 어류학을 전공한 과학자의 시선이 아닌, '시민과학자'의 시선으로 관찰하고 기록한 내용으로 다소 미흡한 점이 있을 수 있고 전문적으로 다루지 못한 정보도 있을 수 있습니다. 이러한 부족한 점은 '시민과학자' 여러분들이 참여한 다양한 경험, 그리고 새로운 기록으로 직접 채워나갔으면 좋겠습니다. '시민과학자'의 손으로 기록하고 수정하며, 새로 정리되는 과정을 거쳐 성숙하고 발전하는 '시민과학'의 자리가 되기를 소망합니다. 감사합니다.

중앙내수면연구소 송하윤 박사

목 차

들어가는 말

추천사

1. 물고기의 콧구멍을 본 적이 있으세요? • 13
2. 태화강의 깃대종 각시붕어 • 16
3. 잉어는 인두치(咽頭齒)를 가지고 있다 • 20
4. 성전환하는 물고기가 500종이나 된다 • 24
5. 인간의 조상과 제6차 대멸종 • 28
6. 물고기도 꿈을 꿀까요? • 32
7. 황어가 떼죽음을 당했다고 • 35
8. 400년을 사는 대양대합 • 39
9. 겨울잠을 자는 물고기 • 43
10. 태화강에 대륙송사리가 산다고? • 47
11. 푸른색 물고기 피라미 • 51
12. 태화강에 갈겨니는 사는가? • 54
13. 보은천 꼬치동자개는 잘 사는가? • 58
14. 태화강에는 향어도 살고 있었다 • 62
15. 태화강에 동방종개는 사는가? • 65
16. 태화강 민물고기 탐사 연수를 마치고 • 69
17. 태화강에는 어떤 몰개가 사나? • 73

18. 지금 태화강에는 은어가 놀고 있다 ● 77
19. 태화강엔 민물조개에 산란하는 물고기가 있다 ● 80
20. 태화강엔 '2차 담수어'도 산다 ● 85
21. 태화강에 사는 한국 고유종 ● 88
22. 농어(農魚)는 담수어류인가? ● 93
23. 태화강에 서식하는 망둑어과 물고기 ● 96
24. 척과천의 비극은 막아야 한다 ● 100
25. 새끼 숭어는 왜 떼 지어 몰려왔을까? ● 104
26. 태화강에서 사라져가는 다묵장어 ● 108
27. 태화강국가정원은 생태학습장이다 ● 112
28. 태화강에서 사라져가는 물고기들 ● 116
29. 태화강에 지금은 누치의 번성기 ● 120
30. 잉붕어와 희나리붕어를 아세요? ● 123
31. 지진을 예보하는 물고기 ● 128
32. 남창천에서 발견된 '연어'와 '꾹저구' ● 131
33. 날아가는 잠자리를 잡아먹는 물고기 ● 134
34. '새뱅이새우'와 '생이새우'의 차이 ● 138
35. 효자고기로 이름난 카멜레온 '밀어' ● 143
36. 척과천의 비극, 서둘러 막아야 ● 147
37. 큰입배스 어묵, 맛은 어떨까요? ● 151
38. 왜 수수미꾸리는 기름종개 자리를 차지했나? ● 155
39. 얼룩동사리 소동 ● 160

40. 태화강엔 동방자가사리가 산다 ● 164

[참고문헌] ● 168

[참고자료1] 2004 태화강 어류 보고 : 태화강의 물고기들

[참고자료2] 2021 태화강 민물고기 탐사 및 시민 과학자 연수 보고서

물고기의 콧구멍을 본 적이 있으세요?

　여러분! 물고기의 콧구멍을 본 적이 있으세요? 콧구멍이 있을까요? 있습니다. 무려 4개나 있습니다. 좌우에 한 쌍씩. 사람은 코로 호흡을 하고 냄새도 맡습니다. 그러나 물고기의 후각 기능은 냄새를 맡는 것이 주기능이며 호흡은 아가미에서 이루어집니다. 물고기의 후각 능력은 인간보다 1만 배 이상이라는 연구 결과도 있습니다. 물고기는 이 냄새를 통해 먹이를 찾고, 배우자를 구하고, 위험을 감지하며, 동료들을 인지합니다.

　그런데 문제가 생겼습니다. 지구온난화가 물고기의 생존을 위협한다는 것입니다. 영국 엑서터 대학 연구진에 따르면, 지구온난화로 바다의 이산화탄소 농도가 높아지면서 물고기가 후각 기능을 잃어간다는 것이죠. 바다의 이산화탄소 농도는 산업혁명 이후 43% 상승했으며 금세기 말에는 2.5배나 증가한다는 것입니다. 이산화탄소의 증가는 어류의 뇌 활동을 저해하고 물고기가 먹잇감을 잘 찾지 못하거나 포식자를 피하지 못하게 한다고 합니다.

　물고기가 후각 기능을 상실한다면 바다에서 자란 연어가 산란을 위해 자기가 태어난 모천(母川)을 찾지 못해 더 이상 산란을 하지 못할 수도 있습니다. 기후변화로 바닷물의 이산화탄소 농도가 높아지면 물고기가 바다에서 사라질 날이 올지도 모르죠. 맛있는 고등어구이도, 참치회도 먹지 못할 날이 올지도 모릅니다.

여러분! 물고기가 눈꺼풀이 없는 것은 알고 계시죠. 눈꺼풀이 없으니 물고기는 밤에 잠을 잘 때 눈을 뜨고 잡니다. 대형 수족관에 사는 물고기는 우리 인간을 어떻게 바라다볼까요? 수족관 앞으로 다가갈 때 반대쪽으로 도망가는 것을 보면 눈으로 사람을 보는 것은 분명해 보입니다. 그럼 물고기도 사람이 보는 것과 똑같은 모습으로 이 세상을 바라볼까요? 물고기의 시력은 사람만큼은 못하지만, 색상을 구분하고 명암을 구별할 수 있다고 합니다. 그러나 사물을 사람과 똑같은 모습으로 보지는 않는다고 합니다. 물고기의 시력은 서식 환경에 따라 다르지만 빠른 속도로 움직이는 물고기는 0.4~0.5 정도이고 참돔이나 우럭과 같은 연안 물고기는 0.1 정도 된다고 합니다.

그러면 물고기 귀는 있을까요? 여러분! 물고기의 귀를 본 적이 있으세요? 물고기도 귀가 있습니다. 물론 사람처럼 겉귀라는 외이(外耳)와 중이(中耳)는 없지만, 머리 양쪽에 조그만 구멍이 뚫려 있고 그 속에 소리를 감지할 수 있는 내이(內耳)를 가지고 있습니다. 물고기는 이 내이를 통해 천적을 감지하고, 주변을 파악하며, 수컷이 암컷을 유인하는 소리를 들으면서 서로 의사소통하는 것으로 알려져 있습니다.

물고기의 미각은 어떨까요? 사람은 기본적으로 혀를 통해 6가지의 맛을 느낍니다. 그러면 물고기는 어떤 맛을 느낄까요? 해수어는 단맛을 느끼지 못한다는 연구 결과도 있지만, 물고기도 인간과 비슷하게 맛을 느낀다고 합니다. 그러나 물고기는 인간처럼 혀로만 맛을 느끼는 것이 아니라 입술, 혀, 수염, 아가미, 지느러미 등 온몸 곳곳에 분포해 있는 미뢰(味蕾, 맛봉오리)를 통해 맛을 느낀다고 합니다. 물고기는 먹어보지도 않고 맛을 느낄 수 있다니 대단한 능력입니다. 낚싯줄에 걸린

미끼를 입술로 툭 건드려 보는 것도 입술에 분포한 미뢰로 맛을 감지하는 것이라고 합니다.

　일반적인 통설은 물고기는 통증 정보를 전달해 주는 섬유가 거의 없고, 이를 인식하는 대뇌신피질이 없어 통증을 느끼지 못할 것이라는 것이 과학자와 연구자들의 주장이었습니다. 그러나 2003년 로슬린 연구소에서 실시한 실험에 따르면 입술에 벌침을 놓은 무지개송어가 수조 바닥의 돌에 쏘인 부분을 문지르는 행동을 보였습니다. 이로써 물고기가 통증을 느끼지 못한다는 주장은 힘을 잃었습니다.

　마지막으로 인간이 가지고 있는 육감, 이 육감을 물고기도 가지고 있을까요? 물고기는 아가미에서 꼬리 부분까지 측선(옆줄)을 가지고 있습니다. 이 옆줄은 액체가 채워진 통로로 진동과 물의 흐름, 수압까지 파악한다고 합니다. 물고기 떼가 부딪히지 않고 무리 지어 움직이는 것은 바로 육감을 느낄 수 있는 측선이 있기 때문이라고 합니다.

태화강의 깃대종 각시붕어

나는 태화강의 깃대종 각시붕어입니다. 깃대종이 뭐냐고요?

1993년 국제연합환경계획(United Nations Environment Programme)이란 곳에서 우리가 태화강에서는 가장 중요하고 보호할 가치가 있다고 정했나 봐요.

우리나라뿐만 아니라 세계 여러 나라 각 지역마다 생태계 보존을 위해 그 지역 환경단체의 도움을 받아 한 지역의 생태적, 지리적, 문화적 특성을 반영하는 상징적인 동식물을 정했지요.

시베리아의 깃대종은 무엇으로 정했을까요? 호랑이입니다. 만약 시베리아에 호랑이가 살 수 없다면 그곳의 환경이 어떨까요? 아마 인간의 개발에 의해 자연환경이 많이 파괴되었겠죠.

덕유산의 깃대종은 뭘까요? 반딧불이입니다. 반딧불이는 대기오염이 거의 되지 않은 청정지역에서 살죠. 만약 별이 반짝이는 덕유산의 밤하늘 아래에서 반딧불이가 사라진다면 덕유산의 환경은 어떨까요?

아 깃대종이 뭔지 알려 드린다고 제 소개를 안 했군요. 왜 각시붕어란 이름이 붙었냐고요? 그야 각시처럼 예쁘게 생기고 납작하지만 붕어처럼 생겨서죠. 그리고 중국도 일본도 아닌 오직 한국에서만 사는 한국 고유종이지요.

아무튼 우리는 태화강에서 가장 중요하고 상징적인 깃대종이라는 이름으로 여러 가족들과 함께 행복하게 살았습니다. 삼호다리 밑에서도 살고, 점촌교 밑에서도 살고, 망성마을 앞에서도 살았죠.

그중에서도 삼호다리 밑이 참 살기 좋은 동네였습니다. 모래펄이 잘 조성되고 물살도 세지 않아 수초도 많고 민물조개도 많이 살았죠.

조개의 입수공과 출수공

태화강의 깃대종 각시붕어

언니, 오빠들은 결혼적령기가 되면 말조개에 신혼방을 차렸지요. 언니들이 기다란 산란관을 조개의 출수공에 집어넣고 산란을 하면 오빠들은 재빨리 정자를 입수공에 뿌렸죠. 한 달쯤 지나면 어린 치어들이 제법 자라 말조개에서 기지개를 켜고 나온답니다. 가까운 이웃에는 우리의 사촌인 큰납자루와 납지리, 흰줄납줄개 가족도 함께 살았습니다.

그러던 어느 날 청천벽력(靑天霹靂) 같은 일이 마을에 일어났습니다. 2003년쯤인가요. 태화강 환경개선 사업이란 이름으로 태화강 하천 정비 사업이 시작되었죠. 귀를 찢는 듯한 기계음 소리와 함께 굴착기가 온 동네를 파헤쳤습니다. 마을은 온통 흙탕물투성이가 되었습니다. 말조개도 사라지고 수초도 사라졌습니다. 동네 각시붕어들은 숨을 쉴 수가 없어 하나둘 떠나고 남아 있는 식구들도 병들어 죽어가기 시작했습니다.

몇몇 힘센 친구들은 황급히 도망쳐 강가에서 풀잎을 물고 숨을 헐떡이고 있었습니다. 갑자기 센 물살이 몰려왔습니다. 우리는 떠내려가지 않으려고 안간힘을 썼습니다.

며칠이 지났습니다. 깊어진 물속에서 입이 큰 배스라는 침략자가 나타났습니다. 배스는 큰 입으로 친구들을 냉큼냉큼 먹어 치웠습니다. 볼에 파란 큰 점을 단 블루길도 나타났습니다. 블루길은 눈을 부라리며 우리 곁으로 다가와 친구들을 모조리 잡아먹었습니다.

나는 죽을힘을 다해 도망쳤습니다. 산 넘고 물 건너 도망친 곳이 척과천이었죠. 이곳은 너무나 평온한 마을입니다. 모래펄도, 수초도 많이 사는 정수역입니다. 이웃에는 잔가시고기도 삽니다. 그리고 송사리와 우리의 사촌인 흰줄납줄개도 삽니다.

나는 여기에서 새로운 친구를 만나 행복하게 살아가고 있습니다. 그러나 죽은 이웃들을 생각하면 지금도 잠이 오지 않습니다.

나는 늘 꿈을 꿉니다. 우리 부모님의 고향이자 나의 고향인 삼호다리 밑에서 사는 꿈을!

각시붕어 수컷

잉어는 인두치(咽頭齒)를 가지고 있다

　목구멍 입구에 이빨이 있는 동물이 있다면 믿으시겠어요? 턱이 아니라 목구멍 입구에 이빨이 있는 물고기가 있습니다. 잉어과 어류를 비롯한 일부 물고기는 목구멍 입구인 인두에 인두치(咽頭齒)를 가지고 있습니다. 여러분! 인두치란 말 들어보셨나요? 인두는 입안과 식도 사이로 음식물을 삼키는 통로이면서 공기와 음식이 섞이지 않고 후두와 식도로 잘 넘어갈 수 있도록 하는 곳이니까 일종의 목구멍 입구죠. 그래서 이 인두치를 '목니'라고 부릅니다. 이 인두치는 인두골의 등쪽과 배쪽에 붙어서 식도로 들어가는 먹이를 갈아 부수고 자르는 데 이용됩니다.

　그리고 은어와 같이 바위에 붙은 부착 조류(藻類)를 먹는 물고기는 턱에 작은 칫솔 모양의 이빨이 있고, 다른 물고기를 잡아먹는 포식성 어류는 턱이나 입천장에 송곳니가 있으며, 플랑크톤을 먹고 사는 물고기는 아가미 안쪽에 있는 새파(鰓耙)에서 먹이를 걸러 먹습니다.

금붕어 인두치

 물고기의 소화기관은 입에서부터 목구멍 입구에 있는 인두와 식도를 거쳐 위(胃)와 연결되고, 위에서 유문(幽門), 작은창자, 큰창자에서 총배설강으로 연결되는 근육기관과 이빨, 새파 등의 포식기관 및 간, 담낭, 비장, 췌장, 유문수(幽門垂), 직장샘 등 소화액을 분비하는 소화샘으로 구성되어 있습니다. 비록 물고기이지만 소화에 필요한 있을 만한 기관은 다 갖추고 있습니다. 식도, 위, 작은창자, 큰창자 등은 우리가 익히 알고 있는 소화기관이지만 유문(幽門)은 뭘까요? 십이지장에 연결되는 위의 말단부에 있는 부분으로 위에서 소화된 부드러운 음식을 장으로 내보내는 하나의 문으로 이 부분을 유문부(幽門部)라고 합니다.

 이 유문부에 연어와 같은 일부 경골어류는 유문수(幽門垂)라는 여러 손가락 모양의 소화기관을 가지고 있습니다. 유문수? 사람의 이름도 아니고. 참 독특하고 생소한 물고기의 소화기관이죠. 이 유문수에서는 소화효소를 분비하고 영양물질을 분해하는 작용이 이루어지는 것으로 알려져 있습니다.

 담낭(膽囊)은 위산을 중화시키는 쓸개즙이 나오는 쓸개를 말하고, 비

잉어는 인두치(咽頭齒)를 가지고 있다

장은 오래된 적혈구를 제거하고 림프구를 새로 만드는 등 면역계에 속한 업무를 수행하며, 췌장은 소화효소 배출은 물론 호르몬을 분비해 혈당을 조절하는 소화기관입니다. 물고기의 소화기관으로 사람의 소화기관에 있는 이러한 기관들이 있다는 사실이 참으로 놀랍습니다.

 그럼 새파(鰓耙)는 뭘까요? 어디에 붙어있는 기관일까요? 새파, 새궁, 새엽? 생소한가요? 이들은 어류의 호흡기관인 아가미를 구성하는 기관들입니다. 새궁(鰓弓)의 鰓(새)는 한자로 '아가미 새'자이고 궁(弓)은 '활 궁'자이니, 새궁은 아가미를 지탱하는 화살 모양의 뼈입니다. 이 뼈에 바깥쪽으로는 새엽(鰓葉)이 달리고, 안쪽으로는 새파(鰓耙)라는 한 줄의 돌기가 달립니다. 여러분! 물고기의 아가미는 잘 아시죠. 아가미 뚜껑을 열면 아가미가 빗살 모양으로 되어 있습니다. 생선찌개 드실 때 많이 보셨을 것입니다. 그게 새엽입니다. 살아있는 물고기의 새엽을 자세히 보면 붉은색을 띠죠. 이 붉은 모세혈관을 통해 산소가 혈액 속으로 들어가고, 이산화탄소가 밖으로 빠져나옵니다.

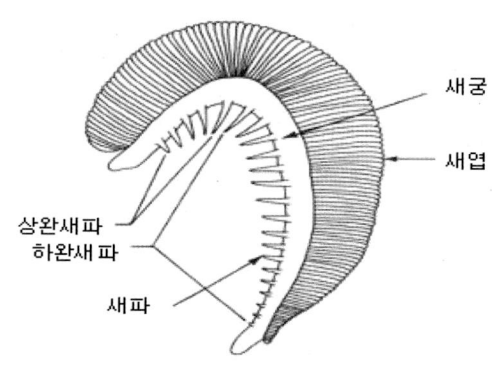

물고기 아가미 구조

이 새엽을 통해 산소호흡을 하는 것이죠. 새궁 안쪽의 새파는 먹이를 거르거나 물 따라 들어온 거친 찌꺼기들이 아가미의 섬세한 새엽에 부딪치는 것을 막아주는 역할을 합니다.

그럼 왜 일부 어류의 항문을 총배설강(總排泄腔)이라 할까요? 총배설강? 참 어렵고 생소한 낱말입니다. 항문이라 하지 않고 총배설강이라 부르는 것은 대변, 소변, 생식(출산)을 모두 이 하나의 구멍에서 처리하기 때문입니다. 조류, 양서류, 파충류, 연골어류 등은 총배설강을 가지며 일부 포유류도 총배설강을 가지는 것으로 알려져 있습니다. 항문, 배뇨구, 생식구를 겸한 하나의 구멍을 가진 대부분의 동물은 알을 낳는 것이 특징이기도 합니다.

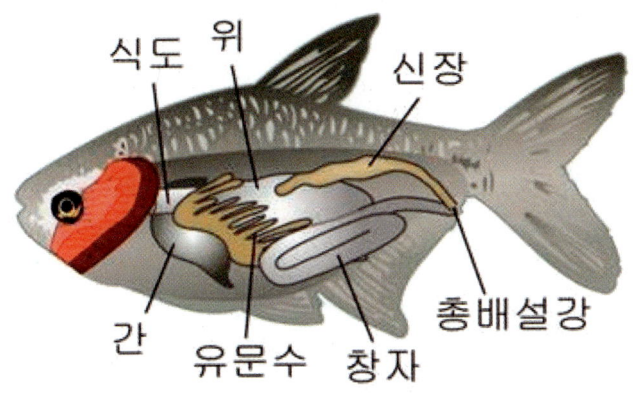

물고기 내부기관

잉어는 인두치(咽頭齒)를 가지고 있다

성전환하는 물고기가 500종이나 된다

 대멸종으로 지구상에 남자 5명만 살아남는다면 이들은 종족 보존을 해나갈 수 있을까요? 아마 누군가가 성전환을 한다 해도 종족 보존은 불가능할 것입니다. 그런데 살아남은 생명체가 물고기라면 어떨까요?

 용치놀래기란 물고기가 있습니다. 용치(龍齒)놀래기? 이빨의 모양이 용을 닮은 물고기. 연안에서는 피라미만큼이나 흔하게 볼 수 있는 물고기. 이 물고기는 수컷 한 마리가 암컷 무리를 거느리는 일부다처제 생활을 합니다. 그러다 수컷이 무리에서 사라지면 무리 중 가장 큰 암컷이 수컷으로 성전환을 합니다. 불과 몇 분만에 암컷의 행동이 사라지고, 몇 시간이 지나면 몸의 색깔이 변하며, 열흘이면 난소가 정소를 대신합니다. 암컷의 난소에 필요한 유전자가 사라지고 정소에 필요한 유전자가 작동하게 되는 것입니다.

 대부분의 물고기가 암컷에서 수컷으로 성전환을 하지만 수컷에서 암컷으로 성전환하는 물고기도 있습니다. 주황색 몸에 흰 줄무늬를 가진 흰동가리. '니모를 찾아서'라는 영화에서 '니모'로 잘 알려진 물고기입

용치놀래기

니다. 이 흰동가리는 무리를 거느리는 우두머리가 암컷입니다. 암컷이 무리를 거느리다 사라지면 그다음 덩치가 큰 수컷이 암컷으로 성전환을 하여 무리를 이끌어가게 됩니다.

흰동가리

심지어 이런 물고기도 있습니다. '오키나와 베니하제'라는 물고기는 상황에 따라 암컷에서 수컷으로 변했다가 다시 암컷으로 돌아오기도 합니다. 이들은 암컷 두 마리가 만나면 그중에 큰 것이 수컷으로 성전환을 하고, 수컷 두 마리가 만나면 작은 것이 암컷으로 성전환을 하여 부부생활을 이어갑니다.

살아가면서 수시로 성을 바꾸는 물고기도 있습니다. 마치 리본을 꼭 닮은 리본장어는 수컷으로 삶을 시작해 유어기엔 암컷으로 변했다가 성장기가 되면 몸의 색깔을 푸른색으로 바꾸면서 다시 수컷이 됩니다. 다시 몸길이 90cm가 넘는 산란기가 되면 노란색 암컷으로 성전환을 하여 산란을 마치고 생을 마감합니다.

리본장어

바다뿐 아니라 민물에도 성전환을 하는 물고기가 있습니다. 드렁허리. 두렁을 잘 허물어 드렁허리라는 이름을 얻었습니다. 최근에 태화강에서도 가끔 모습을 보이는 이 물고기는 공기 호흡을 하는 폐어로도 잘 알려져 있습니다. 드렁허리는 국내에 서식하는 민물고기로는 유일하게 성전환을 하는 것으로 알려져 있기도 합니다.

드렁허리는 생후 2년까지는 모두 암컷이지만 3년째 접어들면 수컷이 되기 시작하여 40cm 이상 자라게 되면 완전하게 성전환을 합니다. 성을 전환한 수컷은 흙바닥에 구멍을 뚫어 산란실을 만들고 암컷을 유인해 산란한 뒤, 알이 부화될 때까지 지키는 부성애를 보입니다.

이제까지 성전환을 하는 물고기는 500여 종이 되는 것으로 알려져 있습니다. 어떻게 물고기는 성전환을 할 수 있을까요? 성전환하는 물고기는 생식소 안에 정소가 될 부분과 난소가 될 부분이 둘 다 있는 것으로 알려져 있습니다. 암컷이 수컷으로 성전환을 하는 놀래기의 경우 난소가 알을 만들고 난 후 성호르몬의 자극을 받으면 정소에 필요한 유전자가 작동하게 되어 정소의 조직은 발달하고 난소였던 부분은 퇴화하여 수컷이 되는 것으로 알려져 있습니다.

여러분도 언젠가 성을 전환해 여성으로 또는 남성으로 살아 보고 싶은 적이 있으신가요? 사람도 성호르몬의 작용에 따라 성이 바뀔 수 있다면 어떻게 될까요? 그렇다고 하등동물보다 대멸종 시 살아남을 확률이 높아지는 것은 아니겠죠. 아무튼 성전환을 하는 물고기가 그렇지 않은 생명체보다 종족 보존에 유리하겠죠.

인간의 조상과 제6차 대멸종

여러분! 인간의 조상이 물고기라면 믿으시겠어요? 진화론자들은 3억 7000만 년 전 어떤 물고기가 지느러미를 팔다리로 바꾸고, 아가미를 귀(耳)로 바꾸면서 육지로 올라와 파충류가 되고 파충류는 다시 포유류가 되어 결국 인간으로 진화했다고 주장합니다.

물고기와 인간은 어떤 닮은 점이 있어 진화론자들이 물고기가 인간으로 진화했다고 하는 것일까요?

생물종 분류에서 인간과 물고기는 같은 문(門)에 속하는 가족입니다. 생물종 분류에서 계(界), 문(門), 강(綱), 목(目), 과(科), 속(屬), 종(種)으로 나누고 있는 것은 아시죠. 동물계 중에서 물고기와 인간은 척삭동물문(脊索動物門) 중 척추동물아문(脊椎動物亞門)이라는 큰 집안에 속해 있습니다. 척추동물에는 포유류, 조류, 파충류, 양서류, 어류가 함께 포함됩니다. 인간이 막대 모양의 골격 지지를 위한 척추를 가지고 있듯, 물고기도 등뼈를 이루고 그 안에 중추신경계가 지나는 척추를 가지고 있습니다.

이 척추를 가진 물고기가 3억 7500만~3억 6000만 년 사이 바다에 산소가 고갈돼 대부분 멸종되었으나 일부 물고기는 폐호흡을 함으로써 지느러미가 바뀐 사지동물(四肢動物)로 진화해 생존할 수 있었다는 것입니다. 이 사지동물이 육지로 올라와 유인원이 되면서 결국에는 인간으로 진화한 것이죠. 미국 하버드 대학교 진화생물학 부교수인 스테파니 피어스 박사는 물고기가 육지를 걸을 수 있게 된 것은 생태계의 생물 다양성 측면에서 엄청나게 중요한 기간이었다고 말합니다.

물고기의 진화 과정 상상도

지구가 처음 만들어진 것은 45억 년 전이지만 최근 6억 년 동안 5번의 대멸종이 있었다는 것이 밝혀졌습니다. 1차 대멸종은 4억 4천300년 전 갑작스러운 기후변화로 지구의 기온이 급격히 떨어져 해양생물의 57%가 사라졌으며, 이때 사라진 대표적인 생물이 여러분이 잘 아시는 삼엽충이라는 동물입니다.

2차 대멸종은 3억 7천만 년 전으로 지구의 표면 온도가 34도에서 26도까지 떨어졌는데 이런 갑작스러운 기후변화의 원인이 소행성 충돌이나 거대한 화산재가 기온을 낮춘 것으로 보고 있습니다. 2억 5천만 년 전 3차 대멸종에서는 전체생물 중 93%가, 2억 년 전 4차 대멸종 때는 생물종의 80%가 지구상에서 사라졌습니다. 3, 4차의 대멸종도 기후변화로 보고 있습니다. 가장 최근인 5차의 대멸종은 6천600만 년 전 직경 10km인 운석이 지구에 떨어져 공룡을 비롯한 지구생명체의 75%가 사라졌습니다.

　5차 대멸종 이후 현재 대형 산불과 태풍, 가뭄과 폭우, 기온 상승으로 인한 해수면 상승, 코로나19까지 각종 기후재난으로 급속히 지구의 생물이 멸종하고 있습니다. 앞으로 1,500년 이후에는 무척추동물을 포함해서 15만~26만 종의 생물종이 지구에서 사라질 것이라고 합니다. 6차 대멸종이 시작된 것입니다. 결국 기후 변화가 제6차 대멸종을 재촉하고 있는 것입니다. 스테파니 피어스 교수는 6차 대멸종의 대상이 인류가 될 수 있다고 경고하고 있습니다. 현재 지구상에 살고 있는 생명체는 지구상에 나타났던 생명체 중 1%도 되지 않습니다. 5차 대멸종 이후 공룡이 사라지고 포유류 시대가 열리면서 인간이 지구에 출현했습니다. 인간의 출현은 지구 나이에 비하면 가장 최근에 짧은 시간에 일어난 일입니다.

　1m 남짓의 키에 직립보행을 하는 유인원의 출현은 400만 년 전후로 추정되며, 현생인류의 직접적 조상인 호모사피엔스의 출현도 20만 년 전후이고, 현생인류의 직계 조상으로 알려진 크로마뇽인은 불과 4만여 년 전에야 지구에 나타났습니다. 이는 지구 나이 45억 년과 비교하면 아주 짧은 기간입니다.

　오늘날 파괴와 오염으로 지구는 신음하고 있습니다. 지구는 기후재난으로 인간에게 구조의 신호를 보내고 있습니다. 우리가 그 신호를 외면

한다면 지구는 인간 만행에 대한 복수를 감행할 것입니다.

아니 만행에 대한 복수가 시작되었습니다. 대멸종의 그날만 남았을 뿐입니다. 멸종의 그날은 우리 인간이 어떻게 하느냐에 따라 빨라질 수도 늦어질 수도 있습니다. 최후엔 지구는 인류를 멸종시키고 인간이 저지른 상흔을 스스로 치유하기 위해 수천만 년의 긴 휴식에 들어갈지 모릅니다.

공룡이 사라지듯 인간이 사라진 지구엔 어떤 생명체가 살아남아 새로운 진화를 시작할까요? 물고기가 진화해 사람이 되어 지구에서 번성했듯, 인간 대멸종 이후엔 어떤 생명체가 어떻게 진화해 이 지구에서 번성할까요?

물고기도 꿈을 꿀까요?

여러분! 물고기가 잠을 잘까요? 잠을 잔다면 사람처럼 꿈도 꿀까요?

물고기는 대부분 잠을 잡니다. 대부분 물고기는 물속에서 가만히 떠 있는 상태에서 잠이 들며 꼬리와 지느러미를 늘어뜨리기도 합니다. 물고기도 낮에는 먹이활동을 하고 밤에 잠을 자지만 낮에 자고 밤에 먹이활동을 하는 야행성 물고기도 있습니다. 심지어 겨울잠을 자는 물고기도 있고요.

목탁(木鐸), 목어(木魚), 풍경(風磬). 갑자기 무슨 목탁, 목어, 풍경이냐구요? 이 세 가지 물건의 공통점은 물고기를 형상화한 것입니다.

목어는 나무로 물고기 모양을 만들어 걸어 두고 쳐서 대중을 모이도록 하는 데 사용한 것이고, 목탁은 잠잘 때 눈을 감지 않는 물고기를 연상하여 만든 것으로 몸통에 뚱그런 구멍이 둘 있습니다. 이 구멍이 물고기의 눈입니다. 목탁을 두드리는 것은 눈감지 말고 깨어 있으란 뜻이죠. 풍경도 물고기 모양으로 바람에 흔들려 소리를 내면서 수행자의 방일(放逸)이나 나태함을 깨우치는 것입니다.

이 세 가지 물건이 왜 절에 있을까요? 참선하는 승려들이 항상 물고기처럼 눈을 감지 말고 깨어 있으란 뜻입니다. 물고기는 눈꺼풀이 없어 눈을 감지 않습니다. 잘 때도 두 눈을 뜨고 잠을 잡니다. 물고기처럼 눈감지 말고 언제나 깨어 있으라는 의미가 목탁, 목어, 풍경에 들어 있죠.

그럼 물고기도 사람처럼 꿈을 꿀까요? 개나 토끼와 같은 포유류는 어떨까요? 새나 개구리는 또 어떨까요? 물어볼 수도 없고 참으로 난감합니다. 이것을 밝히는 것은 뇌과학자들의 몫이겠죠.

2019년 '네이처 저널'에 따르면 물고기도 꿈을 꾸는 사람과 마찬가지로 렘(REM) 수면을 경험하는 것으로 밝혀졌습니다. 강아지를 비롯한 포유류 동물들도 렘 수면 단계를 거치죠. 렘 수면이라. 이게 뭐지? 'REM'이란 'Rapid Eye Movement'의 약자입니다. 풀이하면 '빠른 안구 운동'이란 뜻인데, 사람은 꿈을 꿀 때 호흡과 심장박동이 빨라지며, 눈동자가 양쪽으로 빠르게 움직인다고 합니다. 그럼 물고기가 잠을 잘 때 어느 시점에 눈동자가 사람처럼 빠르게 움직인다면 혹시 꿈을 꾸는 것이 아닐까요?

여기서 인간 수면 5단계를 말하지 않을 수 없네요. 신경과학자 매트 윌슨(Matt Wilson)에 따르면 인간은 5단계로 잠을 잔다고 합니다. 뇌파가 느려지면서 졸음에 빠지는 단계를 1~2단계라 하고 그 후 '델타파'라는 느리고 진폭이 큰 뇌파가 발생해 깊은 잠에 빠지는 단계를 3~4단계라 하죠. 뒤이어 뇌가 다시 얕은 잠에 빠지면서 눈동자가 빠르게 움직이며 꿈을 꾼다고 합니다. 꿈을 꾸는 단계를 5단계라 합니다. 즉 꿈을 꾸며 눈동자가 빠르게 움직이는 5단계를 렘(REM) 수면 단계라고 하죠. 1~4단계는 꿈을 꾸지 않는 비렘(non-REM)수면 단계이고요. 정상적인 수면은 렘수면 단계와 비렘수면 단계의 반복으로 이루어지죠. 이러한 수면의 단계는 하룻밤에 4~5번 반복된다고 합니다.

2019년 스탠퍼드 대학교 신경과학자 필립 무레인(Philippe Mourrain)의 연구진은 제브라피시(Zebrafish)라는 물고기를 움직이지 못하게 한 다음 뇌 활동, 심박수, 안구 활동 등을 현미경으로 관찰하였습니다. 제브라피시는 과학자들 사이에서 훌륭한 실험동물로 인기가 있으며 치어는 몸이 투명해서 해부하지 않고도 몸의 변화를 관찰할 수 있는 물고기입니다. 관찰 결과 비렘수면에서는 심장박동수가 줄어들고 근육이 이완되는 등 렘수면과 비렘수면을 반복하는 유사한 반응을 보였다고 합니다. 그럼 제브라피시는 꿈을 꾸는 것일까요?

강아지나 토끼 등 포유류 동물은 사람처럼 잠잘 때 꿈을 꾸는 것으로 알려져 있습니다. 물론 잠꼬대도 하고요. 그럼 물고기도 꿈을 꿀까요? 물어볼 순 없지만. 만약 물고기가 꿈을 꾼다면 어떤 꿈을 꿀까요? 아마 포식자에게 쫓기는 꿈을 꿀지도 모르죠. 아니면 짝짓기하는 꿈을 꿀까요?

황어가 떼죽음을 당했다고

「남창천 황어 떼죽음 원인조사 나서」 2017년 4월 27일자 울산 모 지역신문 기사의 제목입니다. 원인은 무엇이었을까요? 결론부터 말하면 황어(*Tribolodon hakonensis*) 떼죽음의 원인은 '자연사'였습니다. 물론 태화강에서도 황어의 떼죽음을 보고 지역 언론이 강의 오염원을 찾는다고 호들갑을 떤 적이 있습니다.

국립수산과학원 중앙내수면연구소에 따르면 황어는 산란을 마치고 대다수는 바다로 내려가 다시 삶을 이어가지만 20~30%는 자연사로 죽는다고 합니다. 은어와 연어는 바다에서 자라다 모천(母川)에 와 산란을 마치면 어미는 모두 생을 마감합니다. 은어와 연어는 일생에 딱 한 번 산란을 하는 셈이죠. 그러나 황어는 수명이 5년 이상이기 때문에 젊은 어미는 산란을 마치고도 바다로 내려가 삶을 이어갑니다. 황어는 일생에 2~3번의 산란을 한다고 합니다.

3월이 되면 황어가 봄비 내음을 맡고 산란을 위해 태화강을 오릅니다. 2019년에는 3월 11일, 2020년에는 3월 3일, 황어가 태화강에 처음 찾아왔죠. 올해는 언제 봄비가 와 태화강에 황어가 올라올지 궁금합니다. 태화강에서 황어가 가장 좋아하는 산란 장소는 선바위보 주변입니다. 특히 보 아래 자갈이 많이 깔린 여울입니다. 황어가 한참 산란에 열중할 때는 사람이 접근해도 알지 못하죠. 산란을 위해 꽃단장을 한 수컷 황어들이 암컷 황어가 알을 낳기를 기다려 정액을 쏟아냅니다. 봄비가 온 뒤 선바위보 아래를 찾으면 황어가 산란하는 모습을 직접 볼 수 있습니다. 참으로 생생하고 드라마틱한 장관이죠. 해마다 선바위교 아래에는 시에서 황어 관찰장도 설치합니다. 황어를 관찰한 이래 2016년에 황어가 제일 많이 올라왔죠. 선바위보 위아래를 붉게 물들인 황어를 2만 마리 정도로 추정했습니다.

황어 암컷과 수컷

황어는 부화 후 일주일 정도 지나면 어린 황어가 난황낭(卵黃囊)을 달고 모래 사이에 나타납니다. 난황낭 아시죠. 어린 자어(子魚)가 먹이 활동을 하지 못할 때 영양을 공급하는 어린 물고기의 생명 주머니. 어린 자어는 난황을 모두 흡수하고 나면 물살이 약한 정수역에서 주로 플랑크톤을 잡아먹고 자라게 됩니다. 5월이 되면 어린 황어는 제법 날렵해지고 여름까지 살아남은 새끼들은 연안과 하구로 서서히 하강하여 가을이면 산란을 마치고 쉬고 있는 부모 세대와 강의 하구에서 합류하게 됩니다. 새끼 황어는 강의 하류에 연어가 낳은 알을 먹어치우기도 하죠. 연어가 대양을 장장 2만Km를 여행하는 것과는 달리 황어는 담수가 영향을 미치는 강의 하구나 포구 그리고 연안에서 겨울을 나는 것으로 알려져 있습니다. 그리고 새 생명을 얻은 치어들은 3년이 지난 후 성어가 되면 산란을 위해 모천(母川)을 찾게 됩니다.

황어가 산란을 하기 위해 소상(遡上:강물을 거슬러 올라가는 것)하는 하천으로는 양양 남대천, 울진 왕피천, 섬진강 등 주로 한반도 남동해쪽 20여 개의 하천이며, 강릉 이북 하천에서는 황어의 또 다른 종인 대황어(*Tribolodon brandti*)도 함께 소상을 합니다. 울산에도 최근에는 태화강, 회야강, 남창천, 동천에까지 황어가 산란을 위해 소상하고 있습니다.

황어는 산란을 위해 알을 잡아먹는 침입자가 없고 바다의 염분이 전혀 미치지 않는 최적의 산란지를 찾아 될 수 있으면 물이 맑고 여울이 있는 강의 최상류로 오르려고 합니다. 그러나 댐이나 수중보 등 하천 구조물 때문에 황어는 최적의 산란지를 찾지 못하고 수난을 당하고 있습니다. 남창천의 가동보, 태화강의 망성보, 선바위보 등 울산의 4대강에 설치된 수중보의 높이를 낮추거나 어도를 세심히 살필 필요가 있습니다. 특히 어도(魚道)는 홍수가 지고 나면 물길이 바뀌어 무용지물이 되는 경우가 있으므로 홍수 후에는 반드시 살펴보아야 합니다.

자산어보(玆山魚譜)와 함께 조선 시대 3대 어류 전문지로 알려진 서유구의 전어지(佃漁志)에 '황어는 비늘 색이 노란색이라 황어라 한다. 주로 서해에서 잡힌다.'고 적혀 있고, 1908년부터 1911년까지 출판된 한국수산지(韓國水産志)에도 '황어가 한강에서 잡힌다.'라고 되어 있어 산업화 이전 강이 오염되기 전에는 서해 하천에도 황어가 산란을 위해 소상한 것으로 보입니다.

퇴계 이황(李滉) 선생이 지은 황어에 대한 시 한 수를 소개합니다.

"봄바람에 눈이 녹아 낙동강 물이 넘치는데/ 황어는 펄펄 뛰고 어부들은 그물 치기에 바쁘구나./ 황어가 많이 올라오면 그 해는 가문다는 속설을 그대로 믿자니/ 어부가 배부르면 만백성이 굶주릴 텐데 이를 어이할까?"

태화강에서는 은어, 연어, 점몰개, 치리, 잔가시고기 등과 함께 2013년 이후 황어를 보호야생생물로 지정하고 있습니다. 3월부터 5월까지 산란기에 황어를 포획하면 1천만 원 이하의 과태료를 문다는 사실. 알고 계시죠?

황어의 산란 모습

400년을 사는 대양대합

　물고기들은 과연 얼마나 오래 살까요? 강에서 가장 흔하게 볼 수 있는 피라미는 1년에서 3년까지 사는 것으로 알려져 있습니다. 그리고 바다와 강을 오가며 살아가는 양측성 어류인 은어는 대부분이 고작 1년을 살죠. 그러나 잉어나 메기 등 50년 이상을 사는 물고기도 있습니다. 일반적으로 물고기는 덩치가 큰 물고기가 작은 물고기보다 오래 삽니다. 같은 물고기 종이라도 서식 환경에 따라 수명이 달라질 수 있습니다. 다른 생물체와 마찬가지로 먹을 것이 풍부하고 서식 환경이 좋으면 물고기도 그렇지 못한 환경에서 자란 물고기보다 오래 살죠.

　그러면 어떻게 우리는 물고기의 나이를 알 수 있을까요? 비늘을 갖고 있는 물고기의 나이는 나무의 나이테처럼 비늘의 연륜으로 알 수 있습니다. 물고기가 성장할 때 비늘은 탈피하지 않고 그 비늘에 해마다 나무의 나이테처럼 일정한 패턴이 생깁니다. 현미경으로 그 패턴을 자세히 관찰하면 물고기의 나이를 알 수 있다고 합니다.

그럼 비늘이 없는 물고기의 나이는 어떻게 알 수 있을까요? 물고기도 귓속에 이석(耳石)을 가지고 있습니다. 이 이석의 단면을 현미경으로 관찰하면 나이테 같은 선이 보이는데 이 선을 세면 물고기의 나이를 알 수 있다고 합니다.

잉어의 비늘

일본 잉어 226살, 그린랜드 상어 272살, 한볼락 205살 등 세계적인 장수 물고기로 알려진 어류들입니다. 그러나 일본 잉어의 경우 비늘 나이테로 나이를 측정했는데 일부 학자들 사이에서는 비늘을 이용한 나이 계산이 부정확하다고 제기함에 따라 최근에는 주로 방사성 탄소연대측정법이나 이석을 이용한 나이 측정법을 동시에 사용하기도 합니다.

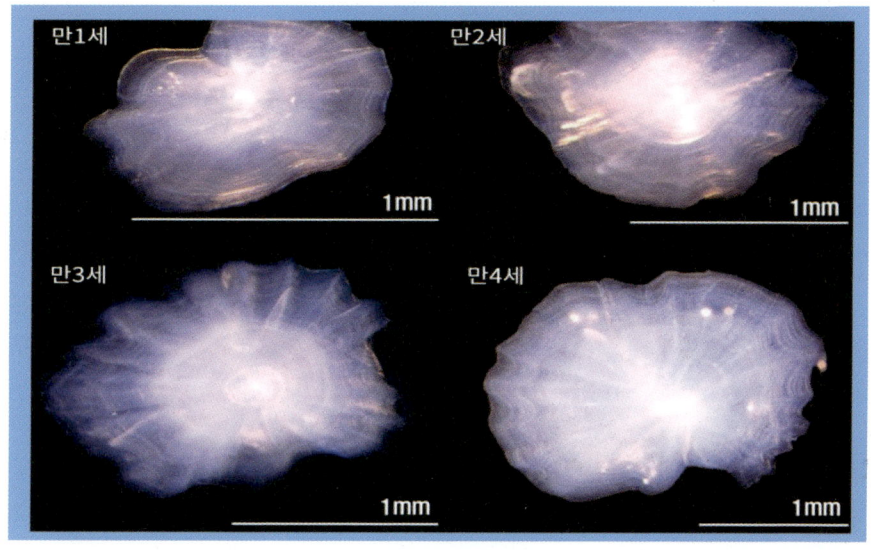

칼납자루 이석(耳石)

미국의 연구자들은 최신의 물고기 나이 측정 방법을 통해 잉어과로 북아메리카 고유종인 빅마우스 버펄로가 112살의 나이로 최장수 물고기라고 주장하기도 합니다.

오래 사는 물고기 중에 폐어가 있습니다. 원시 경골어류 육기어강에 속하는 이 어류는 허파로 숨을 쉴 수 있어 폐어(肺魚)라고 부릅니다. 오늘날의 파충류와 양서류의 조상으로 알려져 있으며 살아 있는 화석으로서 어류와 고등 척추동물의 진화를 연구하는데 중요한 어류입니다. 1933년 호주 시드니 수족관에서 미국 시카고의 유명 수족관 셰드 아쿠

아리움에서 무려 84년 동안이나 관광객을 맞이한 그랜드대드(Granddad)라는 폐어는 90년 이상을 산 것으로 추정하고 있습니다.

비록 어류는 아니지만 무려 400년을 사는 동물이 있습니다. 그것도 평균수명이 400년이라고 하네요. 미국의 자연과학 매체인 디스커버리가 지구에서 가장 오래 사는 10가지 동물의 순위를 공개했습니다. 1위는 해저 깊은 곳에 서식하는 조개의 일종인 대양대합, 2위는 211년을 사는 북극수염고래, 3위는 205년을 사는 한볼락, 4위는 200년을 사는 붉은 바다성게가 순위에 올랐습니다. 그 다음으로 오래 사는 동물로는 거북, 철갑상어 등이 있습니다. 이들 오래 사는 동물들의 특징은 대부분 물속에서 살아간다는 공통점이 있습니다.

대양대합

겨울잠을 자는 물고기

여러분, 들어보셨나요? 물고기가 겨울잠을 잔다는 것을, 그것도 한두 종이 아니고 여러 종이 잔다는 것을…. 오늘은 태화강에 살면서 겨울잠을 자는 민물고기를 중심으로 살펴보겠습니다.

먼저 태화강에는 어떤 물고기가 살고 있을까요? 태화강의 물고기는 주로 잉어과 집안이 많은데, 거의 절반을 차지하죠. 메기 집안, 농어 집안도 제법 있습니다. 무슨 농어 집안이 태화강에 산다고요? 농어는 바닷물고기 아닌가요?

여러분은 농어를 바닷물고기로 알고 계시죠? 농어는 가을이나 겨울에 기수역에서 산란하는데 어린 물고기는 봄과 여름에 담수로 올라와 살다가 다시 바다로 내려갑니다. 2013년 울산시가 태화강의 물고기에 농어를 포함시켰지만 필자는 아직 태화강에서 농어를 발견하지 못했습니다. 대신 꺽지, 블루길, 배스, 동사리, 버들붕어, 가물치 등 10여 종의 농어 집안 물고기들이 태화강에 살고 있습니다.

잉어 집안의 물고기는 크게 잉어과, 미꾸리과, 종개과로 나누어집니다. 그리고 잉어과는 다시 잉어아과, 피라미아과, 모래무지아과, 납자루아과, 강준치아과, 황어아과로 나누어집니다. 피라미, 모래무지, 납자루, 강준치, 황어가 잉어와 한 집안이라니 여러분 놀랐죠?

잉어 집안에서는 잉어아과의 잉어, 붕어, 향어, 떡붕어가 태화강에 살고 있습니다. 이 잉어아과 물고기의 공통점은 무엇일까요? 하나는 겨울잠을 잔다는 것입니다. 민물고기의 왕 잉어는 겨울에는 휴면 상태로 깊은 바닥에서 은거하며 거의 먹이를 먹지 않습니다. 잉어 이름은 중국명 '이어(鯉魚)'에서 유래했는데, 정약용의 <아언각비>에는 '이어'를 우리나라에서 '이응어'라고 말한다는 기록이 있고, 이응어가 잉어로 변했다고 합니다.

겨울잠을 자는 잉어들

붕어, 떡붕어에 대해서도 겨울잠을 잔다, 안 잔다 말이 많습니다. 분명 잠을 자는데 낚시꾼들이 겨울에 미끼로 잠자는 붕어를 깨워 겨울 조어에 이용한다고 합니다.

향어는 11월부터 겨울잠에 들어가 3월에 잠을 깬다고 합니다. 향어는 독일의 가죽잉어와 이스라엘의 토종잉어를 개량한 종으로 우리나라에서는 1970년 초부터 양식을 하기 시작했습니다. 최근에 태화강에서 향어가 종종 잡힌다는 낚시꾼들의 이야기가 있었습니다. 우리 탐사대에서 직접 발견하지는 못했으나 2019년 여름 바이오블리츠를 준비할 때 태화강 다운동 징검다리 주변에서 큼지막한 향어가 투망에 걸려 올라온 일이 있었습니다.

잉어아과 물고기의 또 다른 공통점은 뭘까요? 물고기 이름의 뒤끝이 모두 '어'자로 끝나는군요. 잉어, 붕어, 향어, 떡붕어 등. '어'자가 붙는 물고기는 비늘이 크다는 특징이 있고, 민어, 숭어처럼 백성이 좋아하고 백성을 살리는 물고기입니다.

멸치, 참치, 갈치 등 '치'자 돌림도 있는데요. '치'자 돌림은 주로 성질이 급해서 물 위로 나오면 바로 죽습니다. 태화강에 사는 물고기 중 잉어와 매우 비슷하지만 잉어아과가 아니라 모래무지아과에 속하는 '누치'란 물고기가 있습니다. 산란기가 되어 살이 통통하게 오르면 거의 잉어처럼 보여 구분하기가 쉽지 않죠. 이 누치가 새우나 부착 조류 등을 먹고 사는 잡식성으로 알려져 있는데, 얼마 전 TV 카메라에, 그것도 겨울철에 블루길을 잡아먹는 모습이 잡혀 화제가 되었습니다.

태화강에 사는 물고기 중 미꾸리과나 종개과도 잉어목에 속하는 잉어 집안의 식구들입니다. 미꾸라지나 종개가 잉어 집안이라? 이해가 잘 안 가시죠? 하지만 한 집안입니다. 미꾸리와 미꾸라지는 구분하실 줄 아시죠? 우리는 미꾸리를 '둥글이', 미꾸라지를 '납작이'라 부릅니다. 미꾸리는 몸이 둥글고, 미꾸라지는 납작하기 때문이죠. 울산에는 두 종이 거의 비슷한 개체로 서식을 합니다. 미꾸라지가 미꾸리보다 생존력도 강하고 성장 속도가 빨라 추어탕은 주로 미꾸라지로 끓입니다. 미꾸라지는 땅이 얼기 전 입동을 전후로 논의 흙이나 진펄을 뚫고 들어가 겨울잠을 잡니다. 어린 시절 논 구석 웅덩이의 펄을 손으로 걷어내어 수십 마리의 미꾸라지가 서로 엉키어 겨울을 나는 모습을 본 기억이 생생합니다.

물고기들은 수온이 내려가 먹이가 부족하면 에너지 사용을 줄이고 생존을 유지하기 위해 깊은 물 속으로 내려가 휴면상태에 들어가거나 아예 펄 속으로 들어가 겨울잠을 잡니다. 짱뚱어, 꺽지, 돌고기, 쏘가리 등 여러 종의 물고기들이 개펄 속, 모래 속, 돌틈 등지에서 겨울잠을 잡니다.

겨울잠을 자는 짱뚱어

태화강에 대륙송사리가 산다고?

 2013년 울산시는 태화강에 사는 물고기 73종을 발표했습니다. 그 자료에는 대륙송사리(*Oryzias sinensis*)가 포함되어 있습니다. 원래 대륙송사리는 중국 대륙에 많이 산다고 '대륙-' 자가 붙었습니다. 1989년까지만 해도 대륙송사리는 송사리(*Oryzias latipes*)와 같은 종으로 취급되었습니다. 그러나 연구 결과 송사리는 크기가 5cm 정도이고 염색체 수가 48개이지만 대륙송사리는 크기가 3~4cm에 불과하고 염색체 수도 46개로 알려짐으로써 송사리와 대륙송사리가 서로 다른 종임이 밝혀졌습니다.

 중요한 것은 송사리와 대륙송사리를 주로 지역적 분포로 구분한다는 사실입니다. 송사리는 백두대간을 중심으로 동쪽과 남쪽으로 흐르는 하천에 서식하고, 대륙송사리는 서해로 흐르는 하천과 서해안의 섬지방에 서식합니다. 따라서 울산 태화강에 대륙송사리가 산다는 것은 이해하기 어렵습니다. 송사리는 우리나라 지형 형성과 관련한 중요한 지표 생물로서 연구가 이루어지는 종으로 남동 해안에 자리 잡은 울산 주변의 하천에서는 일부러 대륙송사리를 하천에 방생하지 않는 한 발견될 수

대륙송사리

없는 종입니다. 시에서 발표한 자료가 엉터리인지 태화강에 대륙송사리가 실제로 서식하는지 시민탐사대의 물고기 탐사에서 꼭 확인해야 할 부분입니다.

   시에서 발표한 자료에는 바다빙어(*Osmerus eperlanus mordax*)도 들어 있습니다. '바다빙어가 태화강에 산다.' 빙어(氷魚)도 아닌 바다빙어는 한국 동해 북부에 사는 북한 어종입니다. 물론 일본의 홋카이도(北海道)에도 살지요. 빙어와 바다빙어는 같은 종일까요? 다른 종일까요? 물론 엄연히 다릅니다. 빙어(*Hypomesus nipponensis*)와 바다빙어(*Osmerus eperlanus mordax*)는 학명도 다르고 크기도 다릅니다. 빙어는 주종이 10cm 안팎이지만 바다빙어는 최대 30cm까지 자랍니다. 바다빙어는 냉수성 어종으로 대부분의 시간을 연안에서 서식하다 여름철 산란기가 되면 하천으로 소하(溯河:냇물로 거슬러 올라가는 것)하여 모래에 알을 낳고 죽습니다. 그리고 12월부터 이듬해 3월 초까지는 동해안에서 낚시꾼들에게 낚이는 물고기죠.

'동해 북부 연안에 사는 바닷물고기 바다빙어가 태화강에 산다.' 여름철 태화강으로 산란하러 올라오는지 열심히 찾아보아야겠습니다. 심지어 그 자료에는 낙동강 서쪽의 남해와 서해로 흐르는 하천에 서식한다는 한반도 고유종 돌마자, 코가 새빨간 한국고유종 새코미꾸리까지 서식한다고 하니 어류전문가와 함께 확인하는 탐구가 필요합니다. 최근에는 외래종 물고기의 국내 유입뿐만 아니라 태화강에 사는 끄리나 수수미꾸리처럼 나라 안에서 수계간 국내 어류 이식 문제도 흔하게 일어나고 있기 때문에 물고기 서식 상태를 정기적으로 조사하는 것이 꼭 필요합니다.

바다빙어

73종 중에는 이런 물고기도 있습니다. 멸치, 전어, 청어, 전갱이, 문치가자미, 농어, 알롱횟대, 주둥치, 배도라치, 웅어…. 여러분은 이 물고기들이 태화강의 물고기라고 생각하세요? 아니면 동해안에 사는 바닷물고기라 생각하세요? 저는 아무리 생각해도 바닷물고기로밖에 보이지 않습니다. 비록 하구가 막혀 있지 않은 기수지역(강하구)의 경우 조수간만의 차로 바닷물고기들이 내륙 깊숙한 곳까지 올라오기도 하지만 일반인들이 바닷물고기로 인식하고 있는 멸치나 전어 등을 태화강의 어류에 포함하는 것은 문제가 있다고 봅니다.

언젠가 시민탐사대를 중심으로 태화강 물고기 현황을 조사하고, 최고의 민물고기 전문가, 지역의 어류전문가 등이 함께 참여하여 울산시민 모두가 공감할 수 있는 태화강의 민물고기 어류도감을 만들 그날을 기대해 봅니다.

척과천의 송사리

푸른색 물고기 피라미

　오늘은 태화강에서 개체 수가 가장 많은 물고기 이야기입니다. 태화강뿐만 아니라 전국의 하천에서 가장 흔하게 볼 수 있는 물고기, 우리나라의 민물고기 212종 중에서 식구가 가장 많은 물고기입니다. 뭘까요? 피라미입니다.

　그럼 '피라미'란 이름은 어디에서 왔을까요? 외래어일까요? 순우리말일까요? 여러 설이 있지만 1798년(정조22년) 이만영이 편찬한 재물보(才物譜)에는 피라미를 한자로는 '鰷魚(조어)', 한글로는 '필이미'라 하고, 떼를 지어 회유하는 것을 좋아한다고 했으며, 1820년에 쓴 서유구의 난호어목지(蘭湖魚牧志)에는 피라미(?)를 한글로 '참피리'로 소개하고 있습니다.

　피라미의 등은 청갈색이고 옆구리에는 파란색 가로띠들이 있습니다. 산란기의 수컷 피라미는 화려하고 아름다운 푸른 혼인색을 띠는데, 푸른색의 절정을 보는 듯합니다. 피라미의 이름은 푸른 물고기에서 온 듯합니다. '푸르다'의 옛말은 '프르다'입니다. 프르('프르다'의 어간) + 아미(명사형 접미사) = 플아미 = 피라미. 어째 그럴듯한 추측인가요? 아무튼 피라미가 푸른 물고기임은 틀림없습니다. 저는 피라미 수컷의 혼인색보다 더 아름다운 푸른색을 본 적이 없습니다. 먼 산에 푸름이 완연하고 수온이 오르면 강가에 물살이 튀어 오르고 피라미가 소란스레 떼를 지어 바쁘게 움직입니다. 산란이 시작된 것입니다. 산란기가 되면 피라미 수컷은 마치 천상에서 내려온 것처럼 멋지고 화려한 물고기로 변신합니다.

혼인색을 띤 피라미

그 화려한 물고기는 기다란 뒷지느러미로 신혼 방을 차리고 신부를 맞이합니다. 사랑을 방해하는 훼방꾼들은 머리에 난 돌기(추성)로 무차별 공격하기도 하죠. 뒷지느러미로 암컷의 배를 자극하면 암컷은 드디어 산란을 시작합니다. 수컷은 온몸을 부르르 떨면서 방정을 하고 꼬리지느러미로 모래 폭풍을 일으켜 알을 덮습니다. 돌고기, 꺽지 등 불청

객들이 알을 먹지 못하게 하려는 것이죠. 산란은 여기저기서 동시에 이루어집니다.

피라미는 잉어목 잉어과 피라미아과에 속하는 물고기입니다. 피라미가 잉어과라. 여러분 이해가 되나요? 한국의 민물고기 212종 중 잉어목은 88종, 잉어과는 무려 73종이나 됩니다. 같은 과인 잉어와 피라미의 공통점은 무엇일까요? 얼른 생각하니 둘 다 비늘이 있군요. 또 다른 공통점은 이게 독일의 해부학자 에른스트 베버(1795~1878)가 찾아낸 것으로 귀와 부레가 연결되어 소리를 감지함으로써 다른 물고기보다 민감한 진동까지 느낄 수 있어서 천적의 위험으로부터 신속하게 벗어날 수 있다는 것입니다. 좀 어렵긴 하지만 이를 베버기(Weberian apparatus)라고 합니다. 그러고 보니 잉어과 물고기들이 다른 과인 꺽지나 동사리보단 좀 민감하긴 합니다. 태화강에 사는 50여 종의 담수어류 중 25종 즉 절반의 물고기가 잉어과 물고기라고 보시면 됩니다. 잉어과 물고기엔 회유성 어종인 황어도 있죠.

태화강엔 피라미와 비슷한 물고기로 피라미아과의 갈겨니란 물고기도 있습니다. 피라미가 2~3급수에도 잘 적응해 사는 반면 갈겨니는 거의 1급수에 사는 1급수 지표종입니다. 제가 어릴 때 계곡에서 잡아 '피리'라고 불렀던 물고기는 바로 갈겨니입니다. 최근에는 갈겨니도 참갈겨니와 갈겨니 두 종으로 나누고 있습니다. 피라미가 등에서 배 쪽으로 푸른 가로무늬가 있다면 갈겨니는 입에서 꼬리 쪽으로 푸른 세로무늬가 있습니다.

제가 아이들과 함께 했던 울산 범서초등학교는 큰 수족관에 피라미, 치리, 각시붕어 등 태화강에 살고 있는 물고기들을 키우며 관찰하고 있습니다. 피라미 두 쌍은 늘 짝을 지어 노닐죠. 치리는 모양이 피라미와 거의 비슷한 잉어과이지만 강준치아과라 피라미와 어울리지 못하고 늘 혼자서 다닙니다. 빨리 치리의 짝을 찾아주어야겠습니다.

태화강에 갈겨니는 사는가?

　갈겨니와 피라미를 구분할 줄 아세요. 갈겨니는 산간 계류 1급수에 버들치와 같이 살고, 피라미(*Zacco platypus*)는 2~3급수에서도 잘 적응하며 강의 중하류에 주로 삽니다. 갈겨니는 측선에 세로로 푸른 줄이 있고, 피라미는 가로로 푸른 줄이 있습니다. 저는 어릴 적 갈겨니를 '피리'라고 부르고 붉게 혼인색을 띤 갈겨니를 '갈피리'라고 불렀습니다. 지금 생각해보면 제가 살았던 고향이 산간 오지(山間 奧地)이니 피리라고 불렀던 물고기는 모두 피라미가 아니라 갈겨니였습니다.

　여러분! 갈겨니를 아세요? 산란기 혼인색을 띤 피라미를 '갈'이라 하는데 갈겨니는 피라미를 닮은 물고기라는 뜻에서 유래된 것으로 보입니다. 그래서 갈겨니를 '갈피리'라고도 합니다. 그래서인지 '나는 자연인이다'라는 TV 프로그램에서는 분명 산속 계곡에 사는 갈피리, 갈겨니를 대부분 피라미라고 부릅니다. 그러나 두 종은 같은 피라미아과이지만 엄연히 다른 종입니다.

　피라미와 갈겨니를 겨우 구분할 수 있다고요? 그럼 갈겨니와 그 사촌인 참갈겨니는 구분할 수 있을까요? 갈겨니는 한국, 중국, 일본에 삽니다. 우리나라 어류학자들이 한국에 사는 갈겨니를 채집하여 자세히 살펴보니 중국이나 일본에 사는 갈겨니와 달랐습니다. 특히 눈이나 지느러미 모양이 달랐죠. 2003년 김익수, 오민기, 일본인 카즈미 호소야(Hosaya) 등은 한국어류학회 학술발표회에서 갈겨니 사촌이 한 종 더 있다고 발표했습니다. 이후 더 많은 자료 분석과 연구를 통해 2005년 가을 한국어류학회 추계학술발표회에서 지금껏 한 종으로만 알았던 갈겨니를 2종으로 보자는 견해가 우세해져 2006년 3월 정식으로 신종을 발표하게 됩니다.

신종의 이름은 참갈겨니(*Zacco koreanus* Kim, Oh and Hosoya, 2005). 한국 고유종으로 명명자에는 한국의 어류학자 김익수, 오민기 그리고 일본인 어류학자 카즈미 호소야가 이름을 올렸습니다. 그래서 한국에 서식하는 갈겨니는 그냥 갈겨니(*Zacco temminckii*)와 참갈겨니 2종이 된 것입니다.

문제는 또 있습니다. 2006년 국립환경과학원 채병수 박사팀이 우리나라 47수계에서 채집한 59개 개체군의 표본을 분석했습니다. 그 결과 참갈겨니의 색과 모양이 참갈겨니가 사는 수계에 따라 크게 3가지 유형이 있다고 발표했습니다. 소위 HK 유형(type), NS 유형, NE 유형입니다.

HK 유형은 한강과 금강 지역에 사는 유형입니다. 이 유형은 가슴지느러미에 붉은 줄이 있는 것은 다른 참갈겨니와 같지만, 등지느러미가 비교적 검은색을 띠고 있습니다. NS 유형은 낙동강과 섬진강에 사는 유형으로 등지느러미에 붉은색이 강하고 뒷지느러미에 있는 검은 줄이 선명합니다. 그럼 NE 유형은 뭘까요? 이는 낙동강 동쪽 지역 수계에 사는 유형으로 등지느러미에는 검은색, 붉은색, 노란색이 고루 섞여 있고 배지느러미의 노란색이 선명합니다.

참갈겨니와 갈겨니(채병수)

그럼 태화강엔 어느 유형의 참갈겨니가 살고 있을까요? 이 이론에 의하면 태화강과 회야강엔 낙동강의 동쪽 수계이니까 NE 유형이 사는 것이 맞지만 실제로 채병수 박사님과 통화했더니 태화강엔 NS 유형이, 회야강엔 NE 유형이 살고 있다고 합니다. 아마 NS 유형은 낙동강에서 대암댐을 통해 유입된 종인지도 모르죠.

2021년 6월 탐사 결과, 태화강에는 참갈겨니 NE 유형과 NS 유형이 모두 살고 있으며 갈겨니도 무동교 아래에서 살고 있는 것이 확인되었습니다.

보은천 꼬치동자개는 잘 사는가?

 '동자개'란 이름을 가진 물고기를 아세요? 아니면 '빠가사리'란 물고기는요? 울산 사람들은 동자개를 빠가사리라고 부릅니다. 동자개를 왜 빠가사리라 하느냐 하면 이 녀석을 잡으면 단단한 가슴지느러미 살로 아가미 뒤의 관절을 마찰시켜 '빠가빠가'하는 소리를 내기 때문입니다. 일본말로 '빠가(ばか, '바카'로 발음되지만 우리나라에서는 이 발음으로 통용)'는 '바보'란 뜻으로 동자개가 일본사람만 보면 "바보, 바보"한다고 하여 일본인들이 가장 싫어하는 물고기라는 이야기도 있습니다.

 그럼 '동자개'란 물고기의 이름은 어디서 왔을까요? 늘 궁금했습니다. 동자개를 자세히 보면 커다란 눈동자가 확 들어옵니다. 동자개에서 '동자'란 말이 '눈동자'에서 왔을까요? 아니면 아이를 뜻하는 '동자(童子)'에서 왔을까요? 물고기 전문가 채병수 박사님께 문자를 보냈습니다. 답장은 "아니오"였습니다.

 동자개를 지방말로 빠가사리, 짜가, 바가, 자개라고도 하는데 '자개'란 말에 지역을 뜻하는 접두어 '동'이 덧붙으면서 '동자개'란 이름이 지어졌을 가능성을 제시합니다. 또 다른 동자개과 물고기 '밀자개'에도 '자개'란 말이 들어있는 것처럼.

한반도에 사는 동자개과(科) 물고기에는 동자개속(屬)의 동자개, 꼬치동자개, 눈동자개와 종어속(屬)의 종어, 대농갱이, 밀자개 등 6종이 있습니다. 그럼 태화강에는 이 6종 가운데 몇 종이 살고 있을까요?

2009년 5월 '제1회 울산환경페어' 기간 중 태화강 생태전시회를 앞두고 태화강 선바위 소(沼)에 스킨스쿠버 동호회 회원들을 몇 사람 투입했습니다. 처음엔 조기만한 배스 수십 마리를 작살로 잡아내더니 한 회원이 깊은 물 속에서 커다란 동자개 부부를 모셔왔습니다. 대단히 큰 동자개였습니다. 이 동자개 부부는 전시회 기간 중 큰 수족관에서 늘 함께 있었습니다. 우리는 이 동자개를 영물이라 여겨 전시회를 마치고 다시 태화강으로 돌려보냈습니다.

2009년 선바위 소에서 나온 동자개

그해 6월 녹색에너지포럼 환경지기단 태화강탐사대가 태화강 보은천에서 꼬치동자개를 발견했습니다.

꼬치동자개는 전 세계에서 낙동강 중·상류 일부 수계에만 서식하는 한국 고유종으로 대암댐에 유입되는 낙동강 물을 따라 들어온 것입니다. 꼬치동자개는 2005년 환경부에서 멸종위기야생동식물 1급으로, 문화재청에서 천연기념물 제455호로 지정해서 보호하는 귀하신 몸이 되었습니다.

2005년 환경부의 멸종위기야생동식물 보존·복원 사업의 하나로 군산대 이충렬 교수팀이 꼬치동자개를 증식한 뒤 남강의 상류 수역인 경호강에 1천여 마리를 방류한 바 있습니다. 그러나 2000년 이후에는 서식 범위가 축소되어 낙동강 지류인 남강의 함양, 산청, 단성과 경북 영천, 고령에서만 가끔 나타납니다. 이에 2018년에는 낙동강 수계인 고령 가야천, 2021년 5월에는 경북 성주군 대가천, 고령군 가야천에 성체 2천여 마리를 방류해 환경 오염에 매우 취약한 꼬치동자개의 증식을 위해 노력하고 있습니다.

한편 태화강 보은천의 꼬치동자개는 2009년 첫 발견 이후 2011년, 2012년, 2013년 탐사에서 발견되지 않았습니다. 그 이후 몇 번의 물고기 탐사에서 보은천의 꼬치동자개는 그 모습을 감추어 버렸습니다. 현재 녹색지기단 탐사대원 사이에서는 꼬치동자개 발견에 대한 현상금이 걸려 있습니다. 그래서 여름 탐사 프로그램을 할 때마다 목표가 되고 있습니다.

2009년 6월 보은천에서 발견된 꼬치동자개

원래 낙동강에는 동자개과 동자개속의 동자개, 꼬치동자개, 눈동자개 중 꼬치동자개만 서식하고 있었습니다. 그런데 동자개, 눈동자개, 대농갱이가 낙동강에 이입되면서 꼬치동자개의 생존이 크게 위협받고 있습니다.

태화강의 보은천도 농번기 흙탕물이나 농약, 하천 정비나 생활 오수 등으로 꼬치동자개의 서식환경이 크게 훼손되고 있어 대책이 시급합니다. 또 다른 문제는 낙동강에 이입된 물고기들이 낙동강 물의 대암댐 유입으로 태화강에서 언제든지 발견될 수 있다는 것입니다. 어느 탐사에서 눈동자개나 대농갱이가 발견될지 늘 기대가 됩니다.

태화강에는 향어도 살고 있었다

　태화강에는 향어도 살고 있었습니다. 이제까지 낚시꾼들의 입으로 태화강에 향어가 산다고 전해오던 이야기는 사실이었습니다. 2019년 5월 선바위공원에서 열린 바이오블리츠를 준비하기 위해 태화강 물고기 탐사를 하던 중 다운동 징검다리 주변에서 큼직한 향어가 투망에 걸려 올라왔습니다.

　언론사에 연락해서 태화강에 향어가 산다는 것을 울산시민들에게 알리려고 했습니다. 그러나 그 당시 담당자가 태화강에 외래종이 늘어난 사실을 알리는 데 소극적이어서 언론에 보도되지는 않았습니다. 태화강에 향어가 사는 것은 엄연한 사실입니다. 얼마나 많은 개체 수가 사는지는 알지 못합니다. 2016년 3월 태화강 생태관이 개관한 이후 생태관 수족관에 큰 향어가 유영하는 것을 두고 말들이 많았습니다. 양어장을 뛰쳐나온 몇 마리의 향어가 태화강에 산다고 향어가 태화강을 대표하는 물고기로 생태관 수족관을 찾는 시민들과 만나는 것이 괜찮은지에 대한 말들이었습니다.

2019년 울산 바이오블리츠

2021년 4월 15일 태화관 생태관을 방문했습니다. 울주군민으로 1천 400원의 입장료를 내고 혼자 생태관 안으로 들어갔습니다. 방문 목적은 아직도 향어가 생태관 수족관 어디에 있는가를 알아보기 위해서였습니다.

먼저 납자루아과 물고기들과 인사를 나눕니다. 큰 수족관에는 각시붕어, 납자루, 납지리, 큰납지리가 함께 어울려 유영(遊泳)하다 사람이 들어오면 앞으로 나와 인사를 합니다. 왼쪽으로 벽걸이 수족관에는 태화강에 사는 외래종과 한국특산종들이 자리하고 있습니다.

대형 수족관이 있는 안쪽으로 들어갔습니다. 태화강 우점종인 잉어와 붕어, 누치 등이 유유히 유영하고 있었습니다. 이곳은 태화강 물속을 반으로 잘라 태화강 속을 한눈에 들여다볼 수 있도록 꾸며 놓았습니다. 한참을 들여다보아도 향어는 보이지 않았습니다. 자스민과 백화등 향기가 진한 2층으로 올라가 전에 향어가 있던 수족관을 들여다보았습니다. 향어는 없고 커다란 무지개송어가 보였습니다. 안내 말에는 '태화강에 없는 물고기'라고 적혀 있었습니다.

태화강엔 향어가 살지만 태화강 생태관에선 향어가 사라졌습니다. 이제 태화강에도 4종의 외래종이 삽니다. 배스, 블루길, 떡붕어. 그리고 향어….

태화강에 동방종개는 사는가?

 종개, 종개란 민물고기를 아세요? 민물고기 중 잉어목에는 잉어과, 미꾸리과, 종개과가 있습니다. 잉어와 미꾸리는 알겠고, 종개는 어떤 물고기를 말하지? 종개의 몸에는 줄무늬, 점줄무늬, 얼룩무늬 등 무늬가 있는 것이 특징입니다. 몸에 무늬가 있는 물고기라. 물론 종개류가 아니어도 무늬가 있는 물고기 종도 있습니다. 종개과 종개속에는 종개와 대륙종개가 있습니다. 그런데 종개는 강릉 남대천 이북의 동해안으로 흐르는 하천에 살고, 대륙종개는 한강, 북한, 몽골, 중국에 살고 있어 태화강에서는 볼 수 없습니다.

 종개류는 종개과에만 있는 것일까요? 아닙니다. 종개류는 미꾸리과에도 있습니다. 종개과보다는 미꾸리과에 종개류가 더 많으니 헷갈리지 않을 수 없습니다.

 잉어목 미꾸리과의 종개류를 한번 보겠습니다. 먼저 미꾸리과 기름종개속에는 기름종개, 줄종개, 점줄종개가 있습니다. 이중 울산 태화강에 사는 종개는 어떤 종개일까요? 기름종개입니다. 울산 사람들은 '지름쟁이'라고 불렀죠. 옛날 한때 태화동 시외버스 터미널 주변에 지름쟁이 매운탕집이 매우 유명했습니다. 90년대 선바위보 밑 웅덩이에는 기름종개가 바글바글했죠. 그 많던 기름종개가 지금은 다 어디로 갔는지 모르겠습니다. 척과천 등 일부 지천에서만 발견되다 최근인 2022년, 2023년에 선바위보 아래에서 통통한 기름종개가 발견되었습니다. 줄종개는 섬진강 수계에 분포하고 점줄종개는 우리나라 서남해로 유입되는 하천에 분포하는 종으로 태화강에서는 볼 수 없습니다.

또 다른 잉어목 미꾸리과 참종개속 종개들을 살펴보겠습니다. 참종개속에는 참종개, 왕종개, 동방종개, 남방종개, 북방종개, 미호종개, 부안종개 등 많습니다. 이 중 태화강에 서식하는 종개는 어떤 종일까요? 참종개는 동진강 이북의 서해로 유입되는 하천과 삼척군의 동해로 유입되는 일부 하천에 서식하고, 남방종개는 영산강, 탐진강 그리고 전남의 소하천에 분포하며, 미호종개는 미호천에만, 부안종개는 부안에만 서식합니다.

대종천에서 발견된 동방종개

나머지 왕종개와 동방종개가 남았군요. 왕종개(*Cobitis longicorpus*)는 미꾸리과 어류 중 몸이 가장 굵고 커 왕종개란 이름을 얻었습니다. 왕종개는 태화강 전역과 지천에 광범위하게 서식하고 있는 태화강의 우점종입니다. 거의 모든 지점에서 왕종개는 발견되죠.

문제는 동방종개(*Iksookimia yongdokensis*)입니다. 문헌상으로는 형산강과 영덕 오십천, 축산천, 송천천에만 서식하는 것으로 소개되어 있습니다. 동방종개는 원래 왕종개와 같은 종으로 취급되었으나 1997년 전북대 김익수 교수 등에 의해 경북 영덕에서 처음으로 발견, 신종으로 보고되면서 학명도 '*Iksookimia yongdokensis*'가 된 것입니다.

태화강 동방종개 서식 여부의 혼란은 일부 아마추어 탐어가들이나 시민단체에서 인터넷에 남긴 글 때문입니다. 그 내용은 '동방종개는 왕종개의 아종으로 왕종개와 동방종개가 혼서하는 태화강, 형산강에서 채집했을 때 육안으로 식별하기 어려웠다.', '2008년 척과천과 태화강의 합류부에서 동방종개를 확인했다.'와 같은 글 때문입니다.

하! 아종(亞種)은 무엇인지 아세요? 종(種)의 아래 단계이고 변종(變種)의 위 단계에 속하는 종을 말합니다. 분명히 같은 종은 아닌데 그렇다고 변종으로 독립하기엔 애매한 그런 종을 말합니다. 동방종개가 분명히 왕종개는 아닌데 그렇다고 다른 변종으로 독립하기엔 그 특징이 애매하다는 뜻이죠.

그럼 왕종개와 동방종개의 차이점은 무엇인가요? 동방종개의 횡반문(가로무늬) 1~2번은 왕종개와 달리 진하지 않거나 흔적으로 나타나며 수컷 가슴지느러미의 기부에 있는 골질반(骨質盤)이 왕종개보다 작습니다. 특히 중요한 것은 왕종개는 염색체가 50개인 데 반해 동방종개는 100개라고 합니다.

태화강 물고기 탐사에서 동방종개는 발견되지 않았습니다. 국내의 여러 전문가들과 의논한 결과 태화강에 동방종개는 아직 학계에 발표된 적이 없으며 잠정적으로 서식하고 있지 않은 것으로 보았습니다. 더 많은 조사와 연구가 필요한 부분입니다. 대신 기름종개와 왕종개의 교잡종인 소위 기왕종개가 척과천에서 처음으로 발견되었습니다.

2022년 선바위 보 밑에서 발견된 기름종개

태화강 민물고기 탐사 연수를 마치고

2021년 6월 한 달 동안 태화강 민물고기 탐사 연수를 했습니다. '탐사 연수'라고 이름 붙인 것은 탐사하면서 연수를 했기 때문입니다. 연수생은 20여 명. 목적은 태화강 민물고기 종(種) 다양성 조사인력을 양성하고 태화강의 민물고기를 조사하는 것입니다.

이번 연수에서 태화강 11개 지점에서 50여 종의 어류를 발견하고 사진을 찍었습니다. 이번 탐사 연수의 성과는 첫째, 척과천에서 이른바 '기왕종개'를 발견한 것입니다. 기왕종개, 들어 보셨나요? 기름종개와 왕종개의 자연교잡종으로 낙동강에서는 종종 발견되지만 태화강에서는 이번에 처음 발견되었습니다.

둘째, 작괘천, 보은천, 반천 등지에서 참갈겨니 NE 유형이 발견되었고, 참갈겨니 NS 유형 또한 태화강 대부분의 중상류 지점에서 발견되었습니다. NE 유형이란 낙동강 동쪽이란 뜻의 약자로 낙동강을 기준으로 낙동강 동쪽 바다로 유입되는 하천에 주로 사는 참갈겨니란 의미를 지니고 있습니다. NS 유형은 낙동강과 섬진강에 주로 사는 유형이란

2021년 척과천에서 발견된 기왕종개

뜻으로 태화강은 낙동강의 동쪽 바다로 유입되는 하천이니까 이론대로라면 NE 유형이 살아야 맞습니다. 그러나 태화강엔 이 두 종이 다 함께 살고 있으며 이 두 종은 몸의 색깔과 모양이 약간 다릅니다.

 특히 반가운 것은 다운동 징검다리 아래 여울에서 은어와 참갈겨니가 발견된 것입니다. 은어와 참갈겨니는 주로 1, 2급수 맑은 물에서 사는 물고기입니다. 산간 계류나 지천에서 살죠. 다운동 징검다리 주변에서 은어와 참갈겨니가 발견되었다는 것은 이곳의 수질이 그만큼 좋다는 뜻입니다.

 그리고 최근에 잘 보이지 않던 갈겨니도 무동보 아래에서 발견되었습니다. 이로써 태화강엔 참갈겨니 2종과 그냥 갈겨니가 함께 살아가고 있다는 것이 확인되었습니다.

태화강 탐사 모습

　셋째, 2004년 이후 낙동강에서 대암댐으로 유입된 물을 따라 이입된 꺽지, 끄리, 수수미꾸리, 납자루, 꼬치동자개 중 꺽지, 끄리, 수수미꾸리, 납자루는 태화강에 터전을 마련하고 잘 살아가고 있는 것이 확인되었습니다. 특히 꺽지와 수수미꾸리는 태화강 중상류 거의 전 구간에서 발견됨으로써 태화강의 우점종으로 자리 잡았습니다. 그러나 꼬치동자개는 이번에도 발견하지 못했습니다.

　마지막으로 봄에 산란을 마친 황어 치어들이 동천 하구에서 활발하게 먹이활동을 하는 것이 확인되었습니다. 이 치어들은 좀 더 자라면 연안으로 내려가 어미들을 만나고 그곳에서 겨울을 납니다. 황어, 숭어, 누치 새끼들이 넓은 모래톱에서 함께 자라고 있었습니다.

이번 탐사 연수에서 2013년 울산시에서 발표한 태화강 민물고기 목록에 나와 있는 돌마자, 새코미꾸리, 꾹저구, 빙어, 큰가시고기, 대륙송사리는 발견하지 못했습니다. 그뿐만 아니라 인터넷이나 문헌상 태화강에 서식한다는 기록이 남아 있는 모래무지, 금강모치, 동방종개 등도 발견하지 못했습니다.

탐사 기간 내내 강과 강 주변의 각종 생활 쓰레기와 산업 쓰레기는 맑아진 물에 비하면 늘 눈에 거슬렸습니다. 그리고 생태계 교란 식물인 단풍잎돼지풀, 돼지풀, 환삼덩굴 등이 거의 모든 지역에서 무섭게 자라고 있었습니다. 그 많은 시민단체들이 피켓만 들지 말고 태화강 정화사업이나 생태계 교란 식물 퇴치에 나서는 것은 어떨는지요?

향후 울산시 생물다양성센터에서는 외부전문가, 지역전문가 등이 공동으로 참가하는 보다 세밀하고 전문적인 태화강 민물고기 탐사가 요구됩니다. 아울러 태화강 하구와 대암댐, 대곡댐 등 울산의 댐 내부에도 어떤 물고기들이 서식하고 있는지 탐사가 이루어졌으면 합니다.

그리고 태화강의 생태와 민물고기들이 울산 시민들과 좀 더 친숙해질 수 있도록 해마다 정례적인 태화강 민물고기 탐사 연수가 이루어졌으면 합니다.

태화강에는 어떤 몰개가 사나?

몰개. 물개가 아닙니다. 몰개입니다. 물고기 이름이 왜 몰개일까요?

유래설(由來說) 가운데 하나는 '이 물고기들이 몰려다녀서'입니다. 이 물고기는 정말 떼로 몰려다닙니다. 주로 수면에서 떼를 지어 다니죠. 울산 대암댐에 비가 내리면 이 물고기들은 빗물 내음을 맡고 떼로 몰려 보은천으로 올라갑니다. 둘째는 '모래를 좋아하고 그 주변에 살아서'입니다. 대부분의 몰개류는 모래무지아과 물고기입니다. 모래무지라는 물고기는 침입자가 나타나면 모래에 숨고 먹이도 모래를 걸러 먹는 모래와 함께 사는 물고기입니다. 모래 + 개(물고기를 나타내는 접미사) → 모래개 → 몰개가 되었다는 설입니다.

날피리, 보리피리, 눈쟁이, 왕눈이라고 부르기도 하는 몰개류에는 울산에서 볼 수 있는 몰개, 참몰개, 점몰개, 긴몰개가 있고, 울산에서는 볼 수 없는 줄몰개, 왜몰개가 있습니다. 울산에서 볼 수 있는 4종류의 몰개는 모두 한국에서만 볼 수 있는 한국고유종입니다. 참몰개는 몸이 은백색으로 최고 14cm까지 자라는 가장 크고 잘생긴 몰개를 말하고,

점몰개는 몸에 세로로 점이 나 있고, 긴몰개는 입수염이 몰개보다 길다고 합니다. 물론 줄몰개는 몸에 줄이 있고, 왜몰개는 최고 6cm까지밖에 자라지 않는 작은 몰개입니다.

그럼 태화강엔 어떤 몰개가 살고 있을까요? 먼저 태화강의 중상류와 거의 모든 지천, 회야강 등 울산지역에 광범위하게 살면서 우리나라 동해안으로 흐르는 일부 하천에만 사는 한국고유종 점몰개(*Squalidus multimaculatus*)입니다. 1984년 상명여대 전상린 교수에 의해 영덕 오십천 인근 소하천에서 발견되어 정식 등록된 점몰개는 형산강, 영덕 오십천, 죽산천, 송천천, 태화강, 회야강에만 서식하는 것으로 알려져 있었습니다. 그러나 최근에 부산 해운대의 대천호수에서 점몰개가 대거 서식하는 것이 발견되었고, 경주, 부산 일원과 심지어는 동해안의 가곡천에서도 점몰개가 사는 것이 발견되었습니다.

점몰개

점몰개는 태화강의 어느 지천에서나 흔하게 발견되어 너무나 익숙한 얼굴입니다. 2021년 6월 13일 반천 대암교 아래에서 한 종류의 몰개가 발견되었습니다. 그런데 어찌 보면 점몰개 같고, 어찌 보면 긴몰개 같고 참으로 헷갈렸습니다. 전문가에게 조언을 구했습니다. 전문가도 한 분은 점몰개요, 한 분은 긴몰개였습니다. 참으로 난처했습니다. 잠정 결론은 점몰개와 긴몰개의 교잡종이었습니다. 이곳은 점몰개도 살고, 긴몰개도 사는 곳입니다. 그러니 이곳에서 자연교잡종이 생긴 것입니다. 최근 기장의 장안천에서도 점몰개와 긴몰개의 교잡종이 발견된 적이 있습니다.

  점몰개는 양산단층대에서만 발견되는 지질 감수성 어종입니다. 양산단층의 활동으로 낙동강 상류의 물줄기가 동해로 흐르는 하천으로 바뀌면서 낙동강 지류에 살던 긴몰개가 이곳으로 이주해 진화하여 새로운 종인 점몰개가 되었다고 주장하는 어류학자도 있습니다. 양산단층대에 사는 점몰개의 조상이 긴몰개라는 이야기죠. 아무튼 몰개 중에서 점몰개와 긴몰개는 가장 닮은 몰개죠. 점을 빼면 모습이 거의 같습니다.

  다음은 태화강에서 흔하게 볼 수 있는 참몰개입니다. 참몰개는 점몰개만큼은 아니어도 망성, 반천 등 태화강 중류에선 어디에서나 볼 수 있습니다. 북한의 대동강을 비롯하여 한강, 낙동강, 섬진강 등 서해와 남해로 유입되는 하천 수계에서 볼 수 있는 종입니다. 몸이 은백색이고 눈동자 위에 붉은 반점이 있어 다른 몰개와 쉽게 구분이 됩니다. 문제는 그냥 몰개입니다. 2013년에 울산시에서 발표한 태화강 어류 목록에는 몰개가 포함되어 있습니다. 그러나 필자는 2020년 남창천에서 몰개를 발견했지만 아직 태화강에서는 몰개를 발견하지 못했습니다. 좀 더 조사가 필요한 부분입니다.

  종개, 몰개, 동자개, 납줄개 등 물고기 이름의 접미사가 '개'자 돌림인 물고기, 참 구분하기 어렵습니다. 더군다나 자연교잡종까지 나타나니까요.

참몰개

지금 태화강에는 은어가 놀고 있다

"살은 신선하고 뼈는 가늘며 비늘은 없어/ 입술에 넣으면 그 맛 향기로워/ 장사치들이 비싸게 파는 것을 이상타 생각 말라/ 예부터 이름은 은(銀)이라 하였으니."

조선 중기 문신 이정암(李廷馣, 1541~1600)이 지은 은어에 대한 시(詩)입니다. 은빛 색깔이 나는 물고기 은어(銀魚), 은어의 멋진 몸매와 외모는 가히 수중 여왕입니다. 날렵하고 유연한 자태에 혼인색이라도 띠면 물고기 중의 아름다운 귀공자가 됩니다. 은어는 수박 향이 납니다. 오이 향이 납니다. 가을 오이(秋瓜) 향이 납니다. 달콤한 향이 나서 'Sweet Fish'라고도 합니다. 맑고 깨끗한 물속의 부착조류를 먹고 자라 그렇습니다.

조선시대 은어는 참으로 귀한 대접을 받았습니다. 중국 사신이 오면 사신의 밥상에 올라야 했고, 왕실의 제사상에도 올라야 했습니다. 중국에 조공품으로 보내지기도 했습니다. 제주도 강정천을 비롯하여 전국의 하천으로 은어가 소상(遡上)해도 언감생심(焉敢生心) 백성들은 정작 그림의 떡이었습니다. 수령들은 은어를 모아 사옹원(司饔院)으로 보내기에 바빴고, 포감고(浦監考)는 백성들의 은어잡이를 감시했습니다.

 4~5월이면 은어는 자기가 태어난 모천(母川)으로 거슬러 올라옵니다. 태화강에도 2010년을 전후해 강의 오염으로 사라졌던 은어가 다시 올라오기 시작했습니다. 올해도 상당한 개체수가 소상을 했습니다. 다운동 징검다리 아래 여울, 선바위보 아래 여울, 망성보 아래 여울 등 여러 곳에서 피라미, 참갈겨니들과 노닐며 산란을 위한 먹이활동을 열심히 하고 있습니다.

 강과 바다를 오가며 살아가는 물고기가 있습니다. 이러한 물고기를 '회유성(回遊性) 어류'라고 합니다. 강과 바다를 오가는 이유는 산란을 위해서입니다. 대부분의 일생을 바다에 살다가 산란을 위해 강을 거슬러 올라오는 물고기를 '소하성(溯河性) 어류'라고 합니다. 한자 '소(溯)'는 '거슬러 올라갈 소'자입니다. 은어도 바다에 살다 산란을 위해 4월이 되면 강을 거슬러 올라옵니다. 그러면 은어가 소하성 어류일까요? 아닙니다. 은어는 '양측회유성(兩側回遊性) 어류'라고 합니다. 소하성 어류인 연어나 황어가 일생의 대부분을 바다에 살다가 산란기가 되면 강으로 거슬러 올라오는 것과는 달리 양측회유성 어류인 은어는 6cm 전후로 자란 어린 물고기가 강으로 올라와 성장기 대부분을 강에서 지냅니다. 일생의 반은 강에서 살고 반은 바다에서 사는 셈이죠. 그래서 양측회유성 어류라고 합니다.

 4~5월에 올라온 은어는 25~30cm만큼 자라 9~10월이 되면 강 하류로 내려가 산란을 합니다. 산란을 마친 어미는 대부분 생을 마감합니다. 은어는 1년을 딱 살고 그 자리를 자손에게 내어주어 '일년어'라 부르기도 합니다. 부화한 어린 치어는 일주일을 전후해 연안으로 내려가 겨울을 납니다.

 반면에 산란을 위해 강에 살다 바다로 내려가는 물고기가 있습니다. 이러한 물고기를 '강해성(降海性) 또는 강하성(降河性) 어류'라고 합니다. 물고기가 산란을 위해 바다로 내려간다는 뜻이죠. 대표적인 어종이 민물장어라고 하는 뱀장어입니다. 뱀장어는 대부분의 삶(5~12년)을 민물에서 살다 필리핀과 괌 사이인 마리아나 해구 북쪽의 5천m 심해에서 산란하고 생을 마감합니다. 부화한 치어는 실뱀장어가 되어 이듬해 하천으로 돌아오죠.

은어 중에는 육봉형(陸封型) 은어라는 것이 있습니다. 말 그대로 바다로 내려가지 않고 민물에서만 사는 은어를 말합니다. 댐이나 호수 등에 사는 은어는 물길이 막혀 바다로 내려가지 못합니다. 먹이활동은 댐이나 호수의 상류 계곡에서 하고 산란은 댐이나 호수가 만나는 곳에서 합니다. 부화한 새끼 치어는 겨울을 댐이나 호수 깊은 곳에서 보냅니다. 남강댐 상류 경호강의 은어, 안동댐 상류 명호강의 은어, 옥정호 상류 추령천의 은어 등은 모두 육봉형 은어입니다.

혼인색을 띤 은어 (남창천)

태화강엔 민물조개에 산란하는 물고기가 있다

 민물조개에 산란하는 물고기가 있습니다. 바로 납자루아과 물고기들로, 잉어 집안에서 붕어처럼 생기고 모양이 납작한 물고기를 말합니다. 납자루아과 물고기는 납줄개속, 납지리속, 납자루속 등으로 나눕니다. 전 세계에 71종이 있고, 우리나라에는 14종이 있는 것으로 알려져 있습니다.

 울산 태화강에는 현재까지 5종이 살고 있습니다. 물고기의 측선에 청색 띠가 선명하고 주황의 혼인색을 띠는 납줄개속에 각시붕어와 흰줄납줄개가 있고, 분홍의 혼인색을 띠는 납지리속에는 납지리와 큰납지리가 있으며, 붉은색의 혼인색을 띠는 납자루속에는 납자루가 있습니다. 아하, 태화강에는 각시붕어 등 5종의 물고기가 민물조개에 산란하며 살고 있군요.

 이 다섯 종의 물고기가 살아가려면 태화강에 반드시 말조개, 대칭이, 펄조개 등 민물조개가 살아야 합니다. 만약 환경 오염 등으로 태화강에

각시붕어 산란관

서 민물조개가 사라진다면 이 다섯 종의 납자루아과 물고기도 사라지고 말겠죠.

　태화강의 깃대종인 각시붕어가 산란하는 모습을 볼까요? 각시붕어 수컷은 민물조개가 보이면 주변을 신방으로 꾸미고 각시붕어 암컷을 민물조개 쪽으로 유인합니다. 세력권을 형성한 수컷은 다른 수컷들이 접근하지 못하도록 치열한 싸움을 벌입니다. 암컷은 긴 산란관을 드리우고 민물조개 주변을 맴돌다 분위기가 좋으면 순식간에 산란관을 조개의 출수공에 집어넣어 산란합니다. 산란을 마치면 수컷은 재빨리 조개의 입수공 주변에 정자를 뿌립니다. 각시붕어는 알을 최대 22개까지 낳고 평균은 9개가량 낳는다는 연구 결과가 있습니다. 수정된 알들은 조개의 아가미 틈에서 안전하게 자라며 28일 정도 지나 난황낭(卵黃囊 = 영양주머니)의 영양을 다 소비하면 출수공을 통해 조개의 몸 밖으로 나옵니다.

말조개 안의 납자루아과 어류의 알

그런데 깃대종 이야기가 빠졌군요. 국제연합환경계획(UNEP)은 1993년부터 세계 여러 나라 지역의 생태계 보전을 위해 그 지역 환경단체들의 도움을 받아 생태적, 지리적, 문화적 특성을 반영하는 상징적 동식물을 깃대종으로 정했습니다. 울산 태화강의 깃대종은 각시붕어로 정했죠.

시베리아의 깃대종은 호랑이이고, 덕유산의 깃대종은 반딧불이입니다. 만약 시베리아와 덕유산에서 호랑이와 반딧불이가 사라진다면 어떻게 될까요? 아마 인간에 의해 자연환경이 많이 파괴되었겠죠.

그럼 납자루아과 물고기는 태화강 어디에 살고 있을까요? 태화강에 하천공사가 시작되기 전엔 삼호다리와 다운동 징검다리 주변 수초가 자라는 정수역에서 오순도순 잘살고 있었습니다. 그러나 하천 정비가 시작되고 태화강 수심이 깊어져 큰입배스와 블루길 등 외래종과 육식성 어류가 늘면서 민물조개와 납자루아과 물고기는 급속하게 사라지고 말았습니다.

 2012년 울산 KBS에서 '각시붕어를 찾아서'란 다큐멘터리를 제작할 때 녹색지기단은 KBS와 함께 각시붕어를 찾아 1년간 태화강을 샅샅이 뒤졌습니다. 과연 각시붕어를 찾았을까요? 찾았습니다. 태화강 본류가 아닌 보은천과 척과천에서 적은 개체 수의 각시붕어를 발견했죠. 척과천에서는 흰줄납줄개도 발견되었습니다. 흰줄납줄개를 자세히 보면 배지느러미 앞부분에 하얀 줄이 선명하게 보이죠. 일본에서는 흰줄납줄개를 장미납줄개라 부르는데 번식기의 혼인색이 붉은 장미처럼 물든다는 뜻입니다. 영어명도 'Rose bitterling'입니다. 울산은 상남천에 가면 많은 개체수를 발견할 수 있습니다. 그해 큰납지리는 망성마을 앞에서, 납지리는 무동교 아래에서 발견되었습니다.

태화강 무동교 아래에서 발견된 납자루

끝으로 납자루는 원래 태화강에 없던 물고기였는데 2013년 5월 무동교 아래에서 처음 발견되었습니다. 아마 낙동강에서 유입된 것으로 보이는데 2021년 6월 태화강 민물고기 탐사 연수 때 이곳에 납자루와 납지리가 터전을 잡고 잘 살아가는 것이 확인되었습니다. 납자루아과 물고기의 삶이 바로 태화강의 생태환경입니다. 태화강의 보배인 납자루아과 물고기를 잘 보존해야겠습니다.

태화강엔 '2차 담수어'도 산다

이 세상에 물고기는 모두 몇 종이나 살고 있을까요? 바다에 사는 바닷물고기와 강에 사는 민물고기를 모두 포함해서요. 2006년판 『세계의 물고기(Fishes of the world/Joseph S. Nelson)』에 따르면 어류 총수는 2만7천977종이라고 하네요.

이 중에 한국에는 몇 종이나 살까요? 한국의 어류는 해수와 담수를 모두 합쳐 1천85종으로 나와 있습니다. 한국의 물고기에는 바다에 사는 물고기가 많을까요, 민물에 사는 물고기가 많을까요? 당연히 바다에 사는 물고기 종류가 많습니다. 민물에 사는 담수어는 212종이고 나머지는 바다에 사는 해수어입니다. 그리고 우리나라에만 사는 담수어는 62종이 있습니다.

'담수어(淡水魚)'란 평생을 짠물이 거의 섞이지 않은 민물에서만 사는 물고기를 말합니다. 이 담수어가 만약 바다로 내려간다면 어떻게 될까요? 삼투현상에 의해 세포 안에 있는 물이 염도(소금기)가 높은 바닷물로 빠져나가 탈수 현상으로 죽고 말겠죠.

'삼투(滲透)현상'이란 물이 염도가 낮은 곳에서 높은 곳으로 빠져나가는 현상을 말합니다. 배추절임을 한번 생각해 보세요. 물에 소금을 넣어 염도가 높은 물로 만든 다음 그 물에 배추를 넣으면 배추 안에 있던 물이 염도가 높은 소금물로 빠져나가죠. 배추 안의 물이 빠져나가면 배추는 숨이 죽습니다. 이런 현상 때문에 붕어, 잉어, 피라미 같은 담수어류는 바다에 가면 세포막 안에 있던 물이 밖으로 빠져나가 살 수가 없습니다. 반대로 바닷물고기가 담수로 온다면 어떻게 될까요? 물고기 체내의 염도는 높고 물고기가 사는 담수의 염도는 낮기 때문에 담수의 물이 물고기의 세포막 안으로 들어가 물고기는 통통 불어 죽고 말 것입니다.

　그런데 주로 담수(淡水)에서 살지만 담수보다 염도가 높은 기수(汽水)나 해수(海水)에서도 잘 견디는 물고기가 있습니다. 이들을 우리는 '2차 담수어'라고 합니다. 연어, 은어, 뱀장어 같은 물고기죠. 바닷물의 염도는 보통 퍼밀(천분율)이나 전기전도도를 이용하는 psu 단위를 사용하지만 여러분의 이해를 돕고자 백분율로 이야기하겠습니다.

　보통 담수는 염도가 0.05% 이하이고, 기수는 염도가 0.05%에서 3%이며, 해수는 3% 이상으로 보고 있습니다. 일반적인 바닷물의 염도는 3.5% 정도 되죠. 민물과 바닷물을 오가면서 사는 갈문망둑, 검정망둑, 꾹저구 등도 일시적으로 기수나 해수에서 잘 견디는 2차 담수어입니다. 또한 숭어나 농어처럼 삼투조절능력이 있어서 담수와 해수를 자유롭게 왕래하는 물고기도 있습니다. 이러한 물고기를 '주연성 담수어류'라고 합니다.

　삼투조절시스템의 원리에 의하면 몸 조직의 염도가 1.5%인 해수어가 염도가 3.5%인 해수에서는 몸의 수분을 외부로 빼앗겨 살 수가 없습니다. 그러나 해수어가 염도가 높은 바다에서 살 수 있는 것은 체외로 수분이 빠져나가는 현상에 대처하기 위해 짠물을 많이 마시면서 오줌은 적게 싸고, 과잉 염분은 아가미에 있는 특수세포로 방출하기 때문이라고 합니다.

  2차 담수어는 '회유성(回遊性) 어류'와 '주연성(周緣性) 어류'로 구분합니다. 그리고 회유성 어류는 다시 산란을 위해 바다로 내려가는 '강하성(降河性) 어류', 산란을 위해 강을 거슬러 올라오는 연어·황어와 같은 '소하성(溯河性) 어류', 그리고 일생을 강과 바다에서 거의 반반 나누어서 사는 은어와 같은 '양측성(兩側性) 어류'로 구분합니다. 숭어, 농어, 연어, 황어, 뱀장어, 은어 등은 모두 2차 담수어라고 보시면 됩니다.

담수, 기수, 해수를 자유롭게 오가는 주연성 어류 숭어

  빙어, 산천어, 열목어와 같이 원래 해수에 살던 물고기가 민물에 적응하여 민물에서만 사는 물고기인 육봉형(陸封型) 담수어도 있습니다.

태화강에 사는 한국 고유종

'고유종(固有種)'이란 말 들어 보셨어요? 고유종이란 특정 지역에만 사는 생물의 종을 말합니다. 고유종은 식물에도 있고 동물에도 있습니다.

물고기 중에서도 다른 나라에서는 살지 않고 우리나라에만 분포하는 자생 어종을 '한국고유종' 또는 '한국특산종'이라고 합니다. 현재 우리나라 민물고기 고유종은 62종입니다.

환경부에서는 이들 고유종의 유전자 보호를 위해 이 종의 해외 밀반출을 엄격히 금지하고 있습니다. 뿐만 아니라 국립수산과학원 등에서는 물고기 정자 동결보존 기술을 통해 멸종위기 어류를 인공 증식하거나 어류 유전자원을 반영구적으로 보존하는 일도 하고 있습니다.

그럼 태화강에 사는 한국고유종은 몇 종이나 되며 어떤 물고기가 있을까요?

2021년 6월 울산시 생물다양성센터에서 실시한 태화강 물고기 탐사 결과에 따르면 잔가시고기, 점몰개, 치리, 각시붕어, 참몰개, 긴몰개, 왕종개, 기름종개, 수수미꾸리, 꺽지, 동사리, 미유기, 자가사리, 참갈겨니 등 14종의 한국고유종 물고기가 태화강에 살고 있는 것으로 확인되었습니다. 당초 한국고유종이면서 태화강에 살고 있을 것으로 예상했던 꼬치동자개와 몰개는 그 조사에서 발견하지 못했습니다. 반면에 기름종개와 왕종개의 교잡종인 일명 '기왕종개'라는 것이 척과천에서 발견되었습니다.

또한 일부 문헌이나 언론에서 태화강 서식 여부를 언급했던 한국고유종 동방종개, 금강모치, 돌마자, 새코미꾸리 중 어느 한 종이라도 더 발견된다면 태화강에 사는 한국고유종은 앞으로 더 늘어날 것입니다.

잔가시고기

태화강에 사는 한국고유종 가운데 잔가시고기, 점몰개, 치리는 '울산시 보호야생생물'로 지정하여 보호하고 있으며, 이 물고기를 포획하거나 채취할 경우 최고 1천만 원 이하의 과태료가 부과됩니다.

 한국고유종의 자존심 하면 영화로 유명해진 쉬리, 화문석의 문양을 지닌 꺽지, 새색시처럼 연지곤지를 바른 각시붕어, 은은한 사군자의 색을 가진 묵납자루 등을 언급할 수 있습니다. 이 물고기들은 한국의 색과 멋, 그리고 아름다움을 간직하고 있습니다.

꺽지

 이 중에서 꺽지와 각시붕어는 태화강에 살고 있습니다. 꺽지는 2004년 낙동강에서 대암댐을 통해 태화강으로 유입된 종으로, 지금은 태화강 전 구역에서 발견되는 우점종이 되었습니다. 허리가 꺾인 꺽지는 사는 곳에 따라 다양한 보호색을 띠며 한국인의 색과 문양을 수없이 만

들어 냅니다.

한편 그동안 각시붕어(*Rhodeus uyekii*)가 한국고유종으로 알려졌으나 1998년 일본인 어류학자인 아카이(Akai)와 아라이(Arai)가 그들의 논문에서 '각시붕어는 중국에 서식하는 중화납줄개(*R. sinensis*)와 같은 종이며 1868년에 등록된 중화납줄개(*R. sinensis*)가 이 종의 학명이 되어야 한다'고 주장함에 따라 각시붕어의 고유종에 대한 논란이 일고 있습니다. 그러나 전 세계의 물고기 종을 정리한 Fishbase(http://fishbase.se)에서는 각시붕어를 한국고유종으로 인정하고 있고 한국에서도 일본인 학자들의 주장을 널리 받아들이지는 않고 있습니다.

중화납줄개(*Rhodeus sinensis*)

이름만 들어도 정감이 가는 한반도 고유종, 이들 고유종 가운데 미호천을 비롯한 금강수계에만 산다는 미호종개, 흰 수염이 나는 멸종위기 야생생물 1급 흰수마자, 뒹경모치, 모래주사 등도 한반도 외에 러시아의 아무르 수계나 몽골 지역에서 유사종이 채집된다는 기록이 있어 앞으로 한국고유종에 대한 형태적 차이나 유전적 변이 등 세밀하고 종합적인 연구가 꾸준히 이루어져야 할 것입니다.

농어(農魚)는 담수어류인가?

　태화강엔 어떤 물고기가 살고 있을까요? 거의 절반인 30여 종의 물고기가 잉어목(Order Cypriniformes) 물고기입니다. 잉어목 물고기 중 잉어과 물고기가 대부분이죠. 태화강 우점종인 잉어, 붕어, 누치, 피라미 등이 잉어과 물고기들이죠. 심지어 황어도 잉어과 물고기입니다.

　태화강에 잉어목 다음으로 많이 사는 물고기는 어떤 물고기일까요? 농어목(Order Perciformes) 물고기입니다. 바다와 민물을 포함해서 이 세상에 사는 물고기의 거의 절반은 농어목 물고기입니다. 농어목은 20개 아목 160개 과에 1만여 종이 있습니다(J. S. Nelson, 2006). 한국에도 84과 260속에 455종이 살고 있습니다(한국어류대도감, 2005 김익수/최윤 외). 우리에게 익숙한 농어목 해수어로는 조기, 방어, 고등어, 민어 등이 있죠.

　그럼 태화강에 사는 농어목 민물고기는 어떤 것이 있을까요? 꺽지, 블루길, 큰입배스, 동사리, 버들붕어, 가물치, 민물검정망둑 등 이제까지 13종 정도가 태화강에 서식하는 것이 확인되었습니다. 농어처럼 입이 크고 민물농어라고 부르는 큰입배스, 1969년 수산청이 시험 양식을 위해 도입한 블루길은 농어목 검정우럭과에 속하고, 밀어, 민물검정망둑, 민물두줄망둑, 문절망둑, 갈문망둑 등은 농어목 망둑어과에 속하는 태화강에 사는 물고기들입니다.

여러분! 농어는 민물고기일까요? 바닷물고기일까요? 여러분은 어떻게 생각하세요? 분명 농어는 바닷물고기입니다. 우리나라 대백과사전에도 농어과에 속하는 바닷물고기로 나와 있습니다. 그런데 농어가 연안 가까이 살면서 담수를 워낙 좋아해 어린 물고기는 봄과 여름에 기수나 담수에 올라와 일정 기간 먹이활동을 하고 기수와 해수를 오가는 삼투조절 능력이 있다 보니 농어를 2차 담수어인 주연성 어류로 분류하기도 합니다.

농어

농어에는 넙치농어, 점농어, 농어가 있습니다. 넙치농어는 우리나라에는 제주도 근해에서만 아주 희소하게 서식하고, 점농어는 서해안에 주로 서식하며, 농어는 남동부 해안에 서식하는 것으로 알려져 있습니다. 나중에 태화강의 기수나 하류 지역에서 봄이나 여름철에 물고기 탐사를 할 때 어린 농어의 서식 여부를 확인할 필요가 있습니다.

태화강에 살고 있는 농어목 물고기 중 가물치(*Channa argus*)가 있습니다. 가물치는 '검다'를 뜻하는 우리말의 고어 '가모티'에서 유래되었고 영어로는 Snakehead로 불립니다. 이 가물치가 2000년대 초 미국으로 건너가 미국의 토종어류인 큰입배스를 마구 잡아먹고 생태계를 교란해 미국 정부에서는 골치를 앓고 있습니다. 가물치가 큰입배스를 마구 잡아먹는다면 태화강에 가물치가 늘어나면 큰입배스가 줄지 않을까요? 일부 논란의 여지는 있지만 실제로 가물치를 큰입배스의 천적으로 여기고 강에 가물치나 메기의 치어를 방류하는 지자체도 있습니다.

또 다른 큰입배스의 천적으로 민물 육식어종인 끄리와 강준치가 있습니다. 배스가 잉어의 치어를 잡아먹는다면 끄리와 강준치는 배스의 치어를 먹어 치웁니다. 실제로 가물치와 끄리 그리고 강준치가 서식하는 곳에는 큰입배스의 점유율이 그렇게 높지 않다는 연구 결과가 있습니다.

끄리는 원래 한강이나 금강 등에 살던 물고기입니다. 1996년 낙동강에서 발견된 이후 2004년에 태화강에 유입되어 이제 태화강의 우점종이 되었습니다. 강준치도 태화강에 상당한 개체 수가 서식하고 있죠. 끄리나 강준치의 증가가 태화강에 사는 외래종의 점유율에 어떤 영향을 미칠까요? 좀 더 체계적인 연구가 필요합니다.

태화강에 서식하는 망둑어과 물고기

　태화강엔 어떤 종류의 물고기들이 살고 있을까요? 한국에 살고 있는 210여 종의 민물고기 중 태화강엔 60여 종이 살고 있습니다. 그중에는 잉어 집안의 물고기가 거의 절반을 차지하고 다음은 농어 집안 물고기, 그다음은 메기 집안 물고기들입니다. 오늘은 농어 집안 물고기 중 태화강에 사는 망둑어과 물고기 이야기입니다.

　망둑어과(Gobiidae) 어류는 대부분 염분의 농도변화가 심한 기수와 연안 갯벌 등에 서식하며 땅바닥에 사는 어류로 전 세계에는 약 212속에 1천875종(Kim et. 2005), 한국에는 39속 76종이 서식하는 것으로 알려져 있습니다(NIBR, 2017). 망둑어들은 주로 바다의 물웅덩이, 산호 암초, 해초 숲과 강 하류의 기수, 갯벌에 분포하며, 대부분 10cm 미만의 작은 어종이지만 풀망둑은 최대 50cm까지도 자랍니다. 망둑어의 또 하나의 특징은 좌우 2개의 배지느러미가 융합되어 1개의 흡반을 이루며 이 흡반으로 돌이나 산호에 붙어서 살아가고 있습니다.

　그럼 태화강엔 어떤 망둑어(망둥어)과 물고기들이 살고 있을까요? 대부분의 망둑어과 물고기들이 기수(汽水)나 연안 갯벌에 살지만, 평생 짠물이 섞이지 않은 민물에서만 사는 종도 있습니다.

태화강의 중·상류 모든 수역과 보은천, 척과천, 대곡천 등 태화강 주요 지천에서 광범위하게 서식하는 망둑어과 어류에는 검정망둑속 민물검정망둑과 밀망둑속 밀어가 있습니다.

먼저 국내의 경우 원래 검정망둑(*Tridentiger obscurus*) 한 종만 보고되어 오던 중 1989년 민물에 사는 검정망둑을 민물검정망둑이라고 부르게 되었습니다. 이 민물검정망둑은 태화강에서 가장 흔하게 볼 수 있는 물고기입니다. 물고기 이름에 민물에 사니 민물이라는 말이 들어가는 것은 좋은데 검정망둑이란 말은 좀 이해하기 어렵습니다. 제가 태화강에서 물고기 탐사를 오랫동안 하면서 발견한 민물검정망둑은 모두 어둡거나 밝은 갈색으로 보였기 때문입니다.

민물검정망둑

검정망둑과 거의 구분하기 어려울 정도의 모습에서 민물검정망둑의 이름이 생겼다 하더라도 저에게는 민물검정망둑이 검게 보인 적은 한 번도 없었습니다. 민물갈색망둑이라 하면 어쩌면 더 어울릴 것 같습니다.

민물검정망둑 외에 태화강 어디서든지 흔하게 볼 수 있는 또 다른 망둑어과 물고기에는 밀어가 있습니다. 밀어, 망둑어과 물고기 대부분이 이름 끝에 문절망둑, 갈문망둑, 두줄망둑과 같이 '망둑'이란 접미사가 붙는데 '밀어'는 이름이 좀 다릅니다. 밀의 이삭에 밀알이 빽빽하게 붙은 것처럼 떼를 지어 이동하는 모습에서 밀어라는 이름이 생겼으며, 울산에선 '빠코마치'라는 방언으로 불리기도 합니다.

한여름 대암댐에서 삼동초등학교 사이의 보은천에 가면 바글바글하게 살고 있는 밀어를 만날 수 있습니다. 밀어는 사는 강의 수계에 따라 등황밀어(밀어), 점밀어, 줄밀어 등 3가지 유형이 있으며, 조선시대 '강응정'이란 선비와 관련하여 '효자고기'로 널리 알려져 있습니다.

조선후기 담정(潭庭) 김려(金鑢, 1766~1822)가 쓴 우해이어보(牛海異魚譜)에서 쏘가리보다 더 맛있는 고기가 있다고 했습니다. 불면증이 있는 사람이 먹으면 좋다고 했습니다. 바로 울산에선 꼬시래기(꼬시락)라고 부르는 문절망둑 이야기입니다.

울산 유사 김석보씨는 1979년 그의 '태화강 물고기에 대한 회상'에서 태화강엔 모치, 지름쟁이, 꼬시락, 참게 등이 살고 있다고 하였습니다. 지난 6월 태화강 탐사 연수 때 동천과 태화강이 만나는 모래톱 주변의 수초 지대에서는 이 꼬시래기, 문절망둑이 집단 서식하고 있었습니다. 그리고 다운동 징검다리 아래에선 검정망둑과 민물검정망둑이 한 곳에서 혼서(混捿:섞여 살아감)하고 있는 것도 확인이 되었죠.

그밖에 2017년 태화강국가정원 내 열녀강에서는 문절망둑, 갈문망둑, 민물두줄망둑 등이 서식하고 있는 것이 확인되었습니다. 앞으로 태화강 하구에 서식하는 더 많은 망둑어과 물고기를 확인하는 것이 필요합니다.

문절망둑

척과천의 비극은 막아야 한다

언제부터인가 척과천 주변이 시뻘건 속살을 드러내기 시작했다. 나무가 잘려나가고 푸른 들판이 사라져 갔다. 비가 오면 척과천은 누런 황토물로 채워졌다. 어 저건 아닌데. 큰일이네.

LH(한국토지주택공사)가 중구 다운동과 범서읍 서사리, 척과리 일원에 대규모 공공주택지구를 조성한다. 그것도 186만 6천㎡에 3만5천여 명이나 수용할 수 있는….

척과천의 비극이다. 척과천의 비극이 시작되고 있다.

척과천과 그 주변은 청정지역으로 온갖 생물들이 서식하는 울산의 생태학습장이다. 척과천은 맑은 물과 모래톱, 자갈층, 정수역 그리고 수초들이 곳곳에 자라고 있어 우리 민물고기들이 살기엔 천혜의 자연조건을 갖추고 있다. 더군다나 주변 경치도 아름다워 울산시민들의 훌륭한 휴식 공간이기도 하다.

더 나아가 척과천은 20여 종의 우리 토종 물고기들이 서식하는 물고기 다양성의 보고(寶庫)이다. 척과천엔 잔가시고기, 점몰개, 각시붕어,

기름종개, 왕종개, 자가사리, 동사리, 송사리, 흰줄납줄개, 돌고기, 민물검정망둑, 밀어, 버들치, 피라미, 참갈겨니, 붕어, 꺽지, 긴몰개, 미꾸라지, 미꾸리, 기왕종개 등 20여 종이 넘는 다양한 물고기들이 서식한다.

척과천에 서식하는 흰줄납줄개

특히 잔가시고기는 전 세계에서 유일하게 우리나라에만 사는 한국고유종으로 동해로 흐르는 일부 하천과 금호강, 형산강, 태화강 등지에만 사는 물고기다. 2005년 개체 수가 줄어 환경부에 의해 멸종위기야생동물로 지정되었다가 2010년을 전후해 척과천에서 많은 개체 수가 발견되면서 2012년 5월 31일 멸종위기야생동물에서 해제되었다.

지금은 세계자연보전연맹에서 국가적색목록의 준위협 생물종으로 분류하고 있다. '준위협 생물종'이란 가까운 장래에 야생에서 멸종위기에 처할 가능성이 높은 종을 말한다. 잔가시고기는 울산에서는 척과천에서만 유일하게 살고 있다. 만약 척과천에서 잔가시고기가 사라진다면 울산의 자부심이 무너질 뿐 아니라 우리나라에서 일본처럼 잔가시고기의 절멸 시기를 앞당기는 계기가 될 수 있다.

척과천엔 울산의 또 하나의 자부심인 점몰개가 산다. 점몰개는 1984년에 신종으로 보고된 전 세계에서 오직 양산단층대에서만 서식하는 지질감수성 어종으로 이른바 '부·울·경 고유종'이다. 태화강의 상류와 20여 개의 지천 중 점몰개의 서식 빈도가 가장 높은 곳이 척과천이다. 이런 이유 때문에 잔가시고기와 점몰개는 울산시에서 보호야생생물로 지정하여 보호하고 있는 물고기이다.

그리고 척과천엔 태화강의 깃대종 각시붕어가 사는 곳이다. '깃대종'이란 국제연합환경계획에서 태화강에서 가장 중요하고 보호할 가치가 있다는 판단에 따라 지역 환경단체의 도움을 받아 정한 상징적인 동식물을 말한다. 각시붕어는 이미 태화강 본류에서는 사라지고 보은천과 척과천 등 일부 지천에서만 간신히 명맥을 유지하며 살고 있다. 최근에는 척과천 외의 다른 지천에서는 잘 보이지 않는 태화강의 보물 같은 물고기다.

척과천엔 송사리도 산다. 송사리는 척과천 외에 울산의 어떤 지역에서도 쉽게 찾아볼 수 없는 물고기다. 우리 아이들에게 송사리를 직접 보여줄 수 있는 곳이 척과천이다.

그밖에 척과천엔 기름종개, 왕종개, 자가사리, 동사리, 긴몰개, 참갈겨니 등 10여 종의 한국고유종과 낙동강 일부 수역과 척과천에서만 발견되는 기름종개와 왕종개의 교잡종인 기왕종개가 사는 곳이기도 하다.

만약 척과천 주변에 인구 3만5천여 명이 사는 주택지가 들어선다면 척과천 오염은 불을 보듯 뻔하며, 이곳에 사는 우리 토종 물고기들은 모두 사라질지도 모른다. 이것은 척과천의 비극이자 울산의 비극이다.

LH(한국토지주택공사)와 울산시가 탐욕과 무지로 척과천의 생태계를 완전히 파괴한다면 이는 우리 후손들에게 큰 죄를 짓는 일이 될 것이다. 지금이라도 모두가 나서 척과천의 비극을 막는 대책을 세워야 한다.

척과천에 서식하는 자가사리

새끼 숭어는 왜 떼 지어 몰려왔을까?

 마치 떼까마귀 군무처럼 숭어 떼가 태화강에서 춤을 춘다. 강 속에 먹구름이 몰려다니는 것 같다. 20cm 남짓한 숭어 새끼인 '모치' 수십만 마리가 강 속에서 떼를 지어 다양한 모양의 그림을 그린다.

참으로 희귀한 현상이다. 이제까지 이렇게 많은 모치가 태화강에 한꺼번에 몰려온 적은 없다. 특히 열녀강과 태화강이 만나는 곳, 일명 '숭어섬' 주변에 더 많은 숭어 떼가 있다. 태화강을 찾은 시민들은 이렇게 많은 숭어 떼를 한평생 본 적이 없다며 흥분을 감추지 못한다. 2021년 가을이 시작되면서부터다.

태화강 국가정원 중구 쪽 십리대밭교 아래(용다리)에서 헤엄치고 있는 숭어 치어 떼. (울산제일일보 최지원 기자)

과연 이유는 무엇일까? 좋은 징조일까? 나쁜 징조일까?

떼를 지어 다니거나 이동하는 것은 물고기의 생리적 습성이다. 침입자들로부터 무리를 보호하고 안전하게 먹이활동을 하기 위한 물고기의 전술이다. 물고기들은 여러 가지 이유로 떼를 지어 이동한다. 산란을 위해서 이동하고, 먹이를 찾아서 이동하고, 월동을 위해서 이동하고, 살기 적합한 수온을 찾아서도 이동한다.

이동하는 물고기 중에 숭어는 참으로 별난 이동을 하는 물고기다. 물고기 중에 숭어만큼 담수(민물), 기수(민물과 바닷물이 섞인 물), 해수를 자유롭게 이동하면서 살 수 있는 물고기는 없다. 숭어는 산란과는 별도로 태어나서 담수로 들어가 먹이활동을 위한 이동을 한다. 이를 삼투조절회유(Osmoregulatory Migration)라고 하는데 이는 담수와 기수 그리고 해수를 오갈 수 있는 적응력을 기르기 위한 이동이다. 민물고기가 바다로 가면 삼투현상에 의해 탈수로 죽게 된다. 그러나 숭어는 이러한 삼투조절능력 때문에 죽지 않는다.

숭어는 또 유별나게 가을에서 겨울 사이에 산란을 한다. 바다에서 산란한 숭어는 봄여름 동안 기수에서 먹이활동을 하며 가을이 되면 20cm 내외로 성장한다. 이 20cm 내외로 성장한 모치 떼가 지금 태화강 하류 태화강국가정원 주변에 새카맣게 몰려든 것이다.

문제는 예년에는 그렇지 않았는데 왜 하필 올해 이렇게 많은 숭어 떼가 몰려왔는가? 기후변화로 인한 수온 변화 때문일까?, 코로나19로 수질이 좋아져서일까? 서식 환경의 변화일까? 아니면 무슨 변고가 일어날 전조현상일까?

기후변화라면 해수 온도 상승으로 제주에 살던 갈치가 울산 앞바다에 떼로 나타났듯이 혹시 태화강 담수 온도의 영향을 받은 것은 아닐까? 올해는 유난히 늦가을과 초겨울의 날씨가 따뜻했다. 국가정원 주변 태화강에 평년보다 수온이 높고 먹이가 풍부해 모치가 떼로 몰려든 것은 아닐까?

두 번째는 천재일우인지? 우연인지? 올해는 울산에 태풍이 단 한 번도 오지 않았다. 그리고 태화강에 홍수나 범람도 없었다. 때문에 숭어들의 서식지인 강 하구가 온전히 보전되어 생존율이 높아진 것은 아닐까?

세 번째는 코로나19로 사람들의 활동량이 적어지면서 올해는 예년보다 태화강의 수질이 좋아졌다. 수질이 좋아지면서 숭어가 좋아하는 식물성 플랑크톤과 조류(藻類) 등 먹이가 풍부해진 것이 모치 떼를 불러 모은 것은 아닐까? 청정 하천인 양양 남대천에도 숭어 떼가 몰려온 것을 보면 아마 수질과 먹이가 그 원인일 수 있다.

아니면 여러 가지 복합적인 요인으로 이렇게 기이한 현상이 나타났을 수도 있다. 이제까지 그 누구도, 어디에서도 속 시원한 해답을 내놓지 못하고 있다. 추운 겨울이 찾아왔는데도 숭어 새끼 모치는 아직도 떼를 지어 국가정원 샛강, 열녀강에 서식하고 있다. 내년에도 숭어 새끼인 모치가 이렇게 먹구름처럼 몰려올지 두고 볼 일이다. 해마다 이런 모치 떼가 몰려온다면 태화강국가정원의 귀중한 관광자원이 될 것이다.

태화강에서 사라져가는 다묵장어

오늘은 길다란 물고기 장어 이야기입니다. 한국에 서식하는 장어와 태화강에 사는 장어 이야기입니다. 우리나라 민물에는 어떤 장어가 살고 있을까요? 무태장어(無太長魚)? 이보다 더 클 수 없는 장어, 임금님 보양식으로 진상된 장어, 황갈색을 띤 장어, 들어 보셨나요?

몸길이가 최대 2m까지 자라고 몸무게가 25kg이나 나가는 것도 있다고 하네요. 원래 무태장어는 제주도 천지연에만 사는 것으로 알려져 있었으나 탐진강과 영덕 오십천, 거제 구천계곡, 하동 쌍계사 계곡에서도 발견되었고, 2021년엔 제주 천제연 폭포와 정방폭포에서도 발견되었습니다.

1978년 천연기념물로 지정되었다가 2009년 천연기념물에서 해제되었습니다. 무태장어의 식용양식이 가능해지면서 천연기념물을 먹을 순 없으니까요.

무태장어

 별이 일곱 개, 눈 뒤 양측에 별 일곱 개를 가진 장어가 있습니다. 이 별은 사실은 아가미구멍이지만 별처럼 보여 칠성장어(七星長魚)라 부릅니다. 멸종위기동물 2급이죠. 과거에는 낙동강에서도 출현했다는 기록이 있으나 최근에는 동해로 흘러드는 삼척 오십천, 양양 남대천, 강릉 연곡천 등에 드물게 출현하고 있는 귀하신 몸입니다. 유생(幼生)은 4년 정도 하천의 진흙 속에서 밤에 유기물이나 부착조류를 먹고 성장한 후 바다로 내려갑니다. 바다에서 2~3년 지내는 동안 다른 어류의 몸에 빨판을 붙여 영양분을 빨아먹고 사는 흡혈성 물고기입니다. 40~50cm 정도로 자라면 강으로 올라와 산란을 마치고 모두 죽는 소하성(溯河性) 어류입니다.

 아쉽지만 무태장어와 칠성장어는 울산에서는 아직 만나지 못한 물고기입니다. 이번에는 태화강에서 만날 수 있는 장어 이야기입니다. 태화강과 울산의 회야강, 외황강, 동천에서 만날 수 있는 장어에는 뱀장어가 있습니다. 2017년에는 태화강국가정원의 샛강에서도 발견되었고, 2021년 6월에는 동천에서도 발견되었습니다. 몇 년 전 200만 원에 팔린 뱀장어가 신정시장에 나오기도 했습니다.

 뱀장어는 4년 이상을 민물에서 살다 가을이 되면 산란을 위해 바다로 내려갑니다. 장장 3천km를 6개월에 걸쳐 이동해 이듬해 봄 태평양의 마리아나 해구 근처에서 산란하고 죽습니다. 새로 태어난 새끼장어는 '렙토세팔루스(leptocephalus)'라는 과정을 거쳐 2~4월이 되면 우리나라 연안에 실뱀장어가 되어 나타납니다. 2016년 국립수산과학원에서 일본에 이어 두 번째로 뱀장어 완전양식에 성공했지만 2021년 말까지도 인공종자 대량생산을 통한 상용화는 되지 못하고 있습니다. 우리가 먹는 국민 보양식 민물장어는 모두 실뱀장어를 잡거나 수입(60%)해 불완전 양식으로 키운 것들입니다.

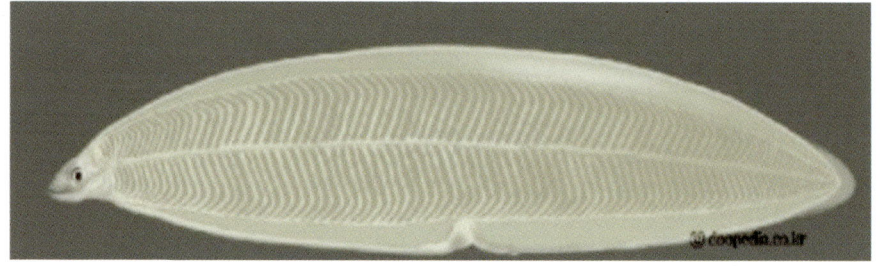

뱀장어 유생(렙토세팔루스)

 마지막으로 태화강에서 사라져가는 멸종위기 야생동물 2급 다묵장어 이야기입니다. 다묵장어는 칠성장어처럼 눈 뒤 양쪽에 일곱 개의 아가미구멍을 가지고 있습니다. 사람들은 이 아가미구멍을 눈이라고 생각해 다목장어(多目長魚)라 불렀으나 뒤에 음운이 변해 다묵장어가 된 것입니다. 태화강에선 1998년엔 태화강 울산 KTX역 가기 전 구수교 부근에서, 2004년엔 대곡댐 상류에서 발견되었습니다. 그러나 최근에는 잘 보이지 않습니다.

다묵장어

　다묵장어는 참 가련하고 불쌍한 물고기입니다. 3년이란 세월을 모래 속에 묻혀 눈도 제대로 뜨지 못하는 상태에서 유기물을 먹고 살다가 4년째 되는 해 성체로 탈바꿈합니다. 다 자라야 20cm를 넘지 못하며 식용으로도 쓰이지 않습니다. 성체가 되면 아무것도 먹지 않고 밤에만 활동하며 산란이 끝나면 바로 죽습니다. 제주도를 제외한 우리나라 전역에서 서식하나 최근에는 수질오염과 개발로 개체수가 격감하고 있습니다. 다묵장어를 대곡댐 상류에서 꼭 만나고 싶습니다.

태화강국가정원은 생태학습장이다

태화강국가정원을 찾는 일이 잦아졌다. 최근엔 주말이면 빠짐없이 찾는다. 특히 숭어 떼가 먹구름처럼 몰려온 후부터는.

주차장에서 내리면 가마우지의 날갯짓부터 만난다. 민물에 살고 있으니 겨울 철새 민물가마우지다. 예전에 주로 명촌교 주변 모래톱에 살던 가마우지가 내오산 위쪽까지 진출한 것이다. 그만큼 태화강에 물고기가 많아졌다는 증거다. 삼호교 아래 하중도에는 백로가 망중한을 즐기고, 따뜻한 날씨에 잉어가 뛰어오르며 지느러미를 드러낸다.

만회정(晩悔亭)을 오르면 한 폭의 수채화가 눈앞에 나타난다. 남산과 태화강이 어울려 연출한 승경(勝景)은 편안하고 아름답다. 만회 박취문이 말년에 이곳을 좋아한 이유다. 시선은 반짝이는 강 위에 머문다.

강에는 연신 물닭들이 꽁무니를 치켜세우며 자맥질을 하고 있다. 멀리 취수탑 아래에는 괭이갈매기들이 이리저리 날다 물 위에 사뿐히 내려앉는다. 흰죽지 부부도, 청둥오리 부부도 함께 놀고 있다. 김성수 철

태화강 민물가마우지

새홍보관장의 조사에 따르면 국가정원에는 천연기념물 황조롱이를 비롯해 26종의 조류가 발견된다. 밀화부리와 까만머리딱새도 꾸준히 발견되고 알락오리, 쇠오리도 발견된다. 쇠물닭은 아예 온 식구가 샛강 갈대숲에 터전을 잡았다. 국가정원이 조류학습장이 된 셈이다.

2021년 정원산업박람회 준비를 위해 십리대밭 강가에 자라던 수크령과 갈퀴망종화 덤불을 잘라냈다. 지금 그 자리에는 많은 야생 갓들이 자라고 있다. 4월이 오면 노란 야생 갓꽃들이 십리대밭 강가를 수놓을 것이다. 4월이 기다려진다.

빠른 발걸음으로 숭어섬에 다다르니 새해 첫날인데도 숭어 떼가 하중도(河中島) 주변을 맴돌고 있다. 추위에 떠는 모습이 애처롭기까지 하다. 숭어섬 주변의 숭어 떼가 언제까지 이곳에 머물지 계속 지켜볼 일이다.

쇠물닭

 발길을 돌려 십리대밭교 아래 열녀강과 태화강이 만나는 곳에 멈추었다. 지난주만 해도 기름띠처럼 새까맣게 몰려 있던 숭어 떼는 흔적도 없이 사라졌다.

 최근 수질이 좋아지면서 태화강엔 계절과 관계없이 많은 숭어 떼가 몰려오고 있다. 2016년 8월 30일엔 숭어 떼 수만 마리가 2~3km 길이로 줄지어 바다로 이동하는 모습이 포착되어 전국을 떠들썩하게 했고, 지진의 전조현상이 아닌가 하는 추측을 낳기도 했다.

 2019년 3월엔 30~40cm쯤 되는 2~3년생 숭어 떼 수천 마리가 삼호교 아래까지 몰려온 적도 있다. 2021년에는 숭어가 태화강국가정원을 전국에 알리는 데 일등 공신이었다. 숭어 새끼 수십만 마리가 먹구름처럼 국가정원 앞에 몰려온 것이다. 국가정원 앞은 담수와 해수가 만나는, 염도가 좀 낮은 기수(汽水)지역이다. 숭어는 3년생까지 먹이를 따라 기수 깊숙이까지 들어온다고 한다. 올해는 1년생 모치가 대박을 쳤다. 내년에는 몇 살짜리 숭어가 회귀한 행동을 연출할지 기대된다.

물억새 숲을 지나고 열녀강 징검다리를 건너 봄의 향연을 준비하는 꽃양귀비 들판을 지난다. 국가정원의 또 다른 식구 까치가 먹이를 찾아 꽃양귀비밭을 마구 파헤치고 있다. 저렇게 매일같이 파종한 씨앗들을 주워 먹어도 괜찮을까 싶다. 꽃양귀비밭을 지나면 미국부용밭이다. 그런데 팻말이 잘못되어 있다. 한 곳은 '중국부용', 또다른 한 곳은 그냥 '부용'이다. 몇 년 전부터 틀려 있었는데 아직 그대로이고, 학명도 엉터리다.

국가정원은 조류학습장, 어류학습장, 식물학습장이다. 식물의 다양성이 좀 부족하긴 하지만 이번 기회에 국가정원을 찾는 시민들을 위해 조류, 어류, 식물의 팻말을 예쁘게 설치하고 정리하는 것은 어떨까?

쇠오리 수컷

태화강에서 사라져가는 물고기들

　태화강엔 낙동강 물 유입으로 새로 이입되는 물고기가 있는가 하면 최근에 사라져가는 물고기도 있습니다. 예전에는 발견되었으나 최근에 잘 보이지 않는 것은 그 종이 멸절되었거나 개체수가 크게 줄었기 때문입니다.

　먼저 '모래무지'가 태화강에 살고 있는지 참으로 궁금합니다. 울산 유사 김석보 씨는 1979년 '태화강 물고기에 대한 회상'이란 글에서 분명히 태화강에 모래무지가 산다고 하였습니다. 그리고 2004년 '녹색지기단'의 태화강 탐사대에 의해 동천의 지천인 창평천에서 모래무지가 발견되었다는 기록이 있습니다. 저의 기억으로는 태화강과 동천의 탐사에서 모래무지가 발견된 적이 없습니다. 다음 탐사 때엔 동천의 창평천 주변을 샅샅이 뒤져 보아야 하겠습니다. 수질오염에 민감한 물고기라 살아남았을지 모르겠습니다.

　1990년대 태화강에서 살고 있던 백조어(白條魚)라는 물고기가 있습니다. 말 그대로 몸 전체가 흰색을 띠고, 태화강에 사는 강준치와 비교하기 어려울 정도로 비슷한 물고기입니다. 멸종위기야생생물 Ⅱ급이죠.

과거 낙동강, 금강, 영산강 수계에 널리 분포하였으나 최근에는 낙동강 수계에서만 분포하며 낙동강에 댐 설치로 2014년 이 백조어가 집단 폐사한 적도 있습니다.

 백조어는 수심이 깊고 물의 흐름이 느린 곳에 서식하기 때문에 태화강에서 발견하기가 쉽지 않습니다. 그런데 2017년 태화강국가정원에서 바이오블리츠를 실시할 때 학생들을 위한 교육용 어류를 채집하면서 내오산(內鰲山)과 삼호교 중간쯤에서 백조어를 발견한 적이 있습니다. 이 백조어는 전시를 마치고 다시 태화강으로 돌아갔죠. 백조어의 서식 유무를 재확인하려면 삼호교 아래쪽의 탐사가 필요합니다.

모래무지

사라져가는 태화강의 물고기 중에는 삼호교 부근이나 태화강 하류에 서식하는 물고기로 알려진 '큰가시고기'도 포함됩니다. 2004년 삼호교 부근에서 모습을 드러낸 후 지금은 태화강에서 참으로 보기가 어렵습니다. 척과천에 사는 잔가시고기는 등에 가시가 6~9개인데 비해 큰가시고기는 등에 가시가 3개입니다. 잔가시고기가 일생을 담수에서만 산다면 큰가시고기는 일생의 대부분을 바다에서 살다 산란을 위해 이른 봄 강으로 올라옵니다. 부성애가 강하기로 이름난 큰가시고기를 태화강에서 발견하려면 큰가시고기가 산란을 위해 강으로 올라올 때 탐사를 해야 합니다.

벼가 자라는 농수로에서 주로 사는 '쌀미꾸리'. 벼가 익을 무렵이면 살이 올라 맛이 좋아서 얻은 이름 쌀미꾸리. 지금은 농약으로 인한 수질오염으로 송사리보다 귀한 물고기가 되었습니다. 다 자라야 6cm를 넘지 못하니 사람들은 미꾸리의 새끼쯤으로 취급합니다. 1998년 조사에서 모습을 보인 쌀미꾸리는 지금은 태화강 어디에서도 잘 보이지 않습니다. 2011년엔 외황강 중류 청량천에서 발견된 적이 있습니다. 태화강 상류 쪽의 농수로나 물웅덩이를 잘 살펴보아야겠습니다.

1990년대 태화강 선바위 보 밑 웅덩이에 그렇게도 많이 살던 '기름종개(지름쟁이)'는 다 어디로 갔을까요? 지금은 태화강 본류에서 기름종개가 잘 보이지 않습니다. 대신에 낙동강에서 이입된 '수수미꾸리'가 미꾸리과에서 태화강의 우점종이 되었습니다. 기름종개는 척과천 외 일부 지천에서만 드물게 모습을 드러낼 뿐입니다.

태화강에서 잘 보이지 않던 살치는 2020년 망성보 아래에서 발견되었습니다. 관찰을 위해 채집되어 저와 범서초등학교 현관 수족관에서 거의 1년을 함께 지냈죠. 그 밖에 논두렁을 허물고 다닌다는 뜻의 이름을 얻은 '드렁허리'. 태화강에서 사라져가는 물고기로 분류된 종이지만 최근엔 태화강에서도, 외황강에서도 종종 모습을 드러냅니다. 2019

년엔 선바위 공원에서 바이오블리츠를 할 때 참여한 학생들이 드렁허리를 잡아 왔습니다. 범서초 개구리 연못에 넣어 키웠으나 장마 때 나가고 말았습니다.

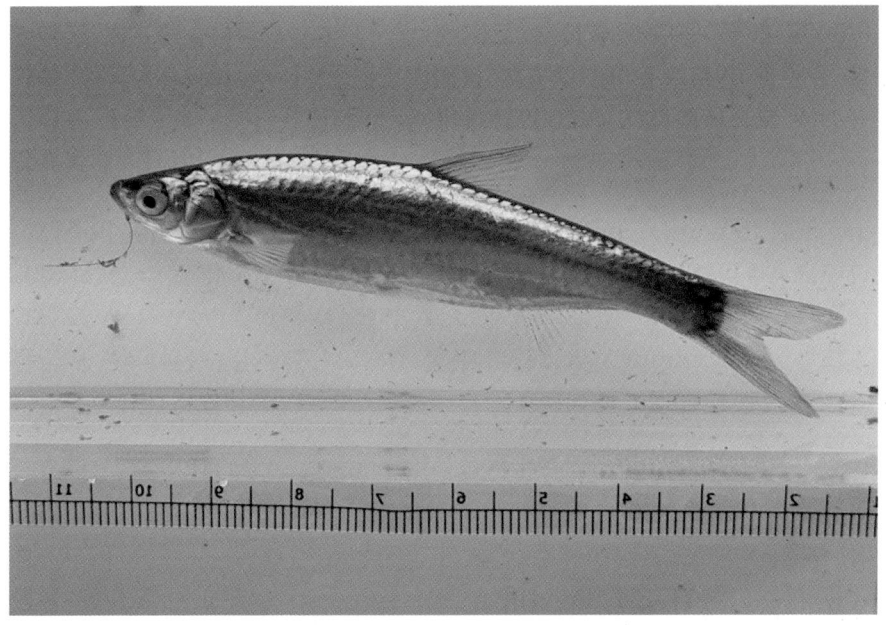

살치

태화강에 지금은 누치의 번성기

태화강에서 개체수가 가장 많은 물고기는 어떤 종일까요? 우리나라 일반하천에서 우점비율이 가장 높은 물고기는 피라미입니다. 점유율이 20% 정도 되죠. 하천 정비사업 이후 태화강에 급격히 늘어난 물고기가 있습니다. '누치'입니다. 2000년대 한강의 누치 우점비율이 35%를 넘어선 적이 있죠. 태화강에도 지금 누치의 번성기입니다. 태화강 중·하류 대부분의 수역에서 누치가 나타납니다. 탐사 때 투망을 던지면 가장 먼저 큼직한 물고기가 올라오면 대부분 누치죠. 심지어 대암댐 상류 보은천에서도 누치가 보입니다.

누치를 어릴 땐 '눈치'라고 불렀습니다. 눈이 크고 머리가 큰 물고기입니다. 눈치도 무척 빠릅니다. 누치의 학명은 '*Hemibarbus labeo*'인데 속명인 '*Hemibarbus*'는 유럽에 분포하는 잉어과 어류의 일종인 'barbus'와 비슷한 물고기란 뜻이고, '*labeo*'는 입술이 크다는 뜻입니다.

실제로 누치는 잉어를 많이 닮았습니다. 특히 산란기에 살이 오른 누치는 잉어와 구분하기 어렵습니다. 물고기 중에 입술이 가장 크고 두꺼운 물고기가 누치입니다. 누치를 중국에서는 '중순어(重脣魚)'라 하고 서유구의 전어지(佃漁志)에는 '눌어(訥魚)'로 나옵니다. 중순어란 입술이 두터운 물고기란 뜻이고, 눌어란 말을 더듬는 물고기란 뜻입니다. 입술이 두터우니 말을 더듬을 수밖에요. 입술이 두텁고 매혹적이어서 낚시인 중에는 누치 낚시의 손맛 다음엔 누치와 뽀뽀하는 맛을 즐기는 이도 있다고 합니다. 그럼 누치의 맛은 어떨까요? 드셔 보신 분 있으세요? 살이 무르고 비려 맛이 없다고들 합니다. 오늘날 잘 먹지 않는 물고기 중 하나이기도 하지요. 이 또한 누치가 하천에서 번성하는 이유 중 하나이기도 합니다. 그러나 먹을 것이 귀했던 조선 시대에는 강변 사람들의 사랑을 듬뿍 받아왔던 물고기입니다.

누치

지금 태화강의 누치는 구삼호교 아래 깊은 소(沼) 이곳저곳에서 수천 마리씩 무리를 지어 겨울을 나고 있습니다. 은하수 다리 밑에서도 50cm 이상은 돼 보이는 누치들이 떼를 지어 월동을 하죠. 비교적 깊은 물에서 겨울을 보낸 누치는 수온이 오르고, 꽃 피는 봄이 되면 강을 거슬러 오릅니다. 산란을 위해서죠. 누치는 잉어과 모래무지아과 민물고기로 모래와 자갈이 깔린 곳을 좋아하며 산란기는 4~7월입니다.

태화강에서 누치가 산란하는 곳은 주로 구영교와 선바위교 사이입니다. 2012년 어느 봄날 점촌교 아래 여울에서 누치 떼가 산란을 위해 물살을 가르고 물을 튀기며 움직이는 모습은 참으로 장관이었죠. 곡우를 전후해 누치가 떼를 지어 산란을 위해 여울을 오르는 시기를 '누치가리'라고 합니다. 이 시기, 강의 중상류 여울은 누치의 산란으로 무척 소란스럽습니다.

2007년 태화강에서 누치가 집단 폐사한 적이 있습니다. 그 원인을 두고 환경단체와 시청 간에 논쟁이 일기도 했습니다. 여러분은 그 원인이 뭐라고 생각하세요? 물고기가 죽는 경우는 몇 가지가 있습니다.

첫째가 모든 생물이 그렇듯 수명을 다해 자연사하는 것입니다. 같은 물고기라 할지라도 수질, 먹이, 유전적 요인 등에 따라 수명에는 차이가 날 수 있지만. 한때 태화강에 자연사한 황어를 두고 폐사 원인을 찾는다고 호들갑을 떤 적이 있죠.

둘째는 갈수기 기온상승으로 세균이나 플랑크톤이 대량 번식하면서 용존산소량이 부족해 죽는 경우입니다. 여름철 물고기 집단 폐사의 큰 원인이기도 하죠. 그 밖에 물고기는 병에 걸려 죽기도 하고 농약이나 독극물, 악성 폐수 등에 의해 집단 폐사되기도 합니다. 지금 태화강엔 덩치 큰 누치가 너무 많은 자리를 차지하고 있어서 언제든지 집단 폐사의 가능성은 남아 있습니다.

잉붕어와 희나리붕어를 아세요?

요즘 낚시터에선 논쟁이 벌어지고 있습니다.

"이건 토종붕어야."

"아니야 이건 잉붕어야."

"어어 아니구먼. 이건 향붕어구먼."

"허 참 이건 희나리라구. 측선의 방향을 보라구."

"아니야 희나리붕어는 낙동강 수계에서만 주로 서식한다구."

여러분! 붕어는 아시죠? 그리고 잉어와 붕어도 구별할 줄 아시죠? 잉어는 두 쌍의 콧수염이 있고, 붕어는 콧수염이 없습니다. 그런데 잉붕어 하면 좀 헷갈립니다. '잉붕어' 들어보셨나요? 잉어와 붕어 사이의 잡종 같은데요. 구분할 수 있겠어요? 지난해 태화강 무동교 아래에서 붕어가 잡혔는데 이게 붕어인지 잉어인지 참으로 헷갈렸습니다. 붕어 같기도 하고, 잉어 같기도 하고….

잉붕어, 잉어와 붕어의 이종간 교잡종을 말하는데요. 자연 상태에서 생긴 잉붕어는 노새나 라이거처럼 후손을 남기지 못합니다. 문제는 중국에서 잉어와 붕어를 인위적으로 교잡하여 생산한 중국산 교잡종 잉붕어입니다. 1990년대 이후 중국 붕어와 함께 이 잉붕어가 낚시용으로 중국에서 대량 수입되었습니다. 중국산 잉붕어의 경우 후손을 남기는 것으로 확인되어 생태계 교란이나 유전자 교란에 대한 학계의 우려가 커지고 있습니다.

토종붕어가 20cm가량 성장하는 데 5년 이상이 걸리는 반면 잉붕어는 2~3년이면 40cm(4짜)까지 자란다고 합니다. 낙동강에서도 6짜 잉붕어가 잡혔다고 하니 태화강에서도 잉붕어에 대한 면밀한 조사가 필요한 부분입니다.

잉붕어

그럼 향붕어는 뭘까요?

2013년경 전북 익산의 한 업체에서 교잡에 성공하여 특허까지 받은 종으로 향어 암컷과 붕어 수컷의 교잡종입니다. 저수온에 강한 붕어의 특성에 먹성 좋은 향어의 특성이 더해지면서 저수온으로 낚시터를 운영하기 어려운 경기도 북부지역 낚시터에 주로 방류되고 있으며 1년만 되어도 30cm까지 성장하는 것으로 알려져 있습니다.

여러분! 희나리붕어는 들어보셨어요?

희나리는 우리나라 낙동강 수계에 주로 서식하는 어종으로 우리나라 토종붕어와 일본 붕어인 떡붕어(헤라부나)의 중간적 형태를 보입니다.

향붕어

희나리붕어, 아직 학명도 없고 정확한 원산지나 생성과정도 알지 못합니다. 진양호가 생겼을 때 진양호의 우점종으로 다량 분포하였으며 체형이나 크기는 붕어도 아니요, 떡붕어도 아니요, 잉어도 아니라는 것입니다.

희나리붕어에 대한 이야기는 너무나 분분합니다.

떡붕어와 희나리붕어

일본 붕어인 떡붕어와 우리 토종붕어의 잡종으로 보는 이도 있으나 어떤 이는 떡붕어가 도입된 1972년 이전에도 희나리붕어가 낙동강 수계에 살고 있었으므로 일제시대에 이미 일본에서 야생 떡붕어가 도입되어 우리 토종붕어와 교잡이 이루어진 것으로 보는 이도 있습니다.

한편으로 우리나라와 일본이 연결돼 있던 고대에 이미 변이종 붕어가 나타났고, 이것이 나중에 지각 변동으로 분리됐으며 일본에서는 헤라부나의 원종인 가와치부나로, 우리나라에선 희나리로 분화했다고 주장을 펴는 이도 있습니다.

지금까지 희나리에 대한 본격적인 연구는 한국해양연구소 김종만 박사(해양생물자원개발연구센터 책임연구원)의 논문이 유일합니다. 김 박사는 1973년 희나리가 일반 붕어와는 물론 우리나라와 일본의 어떤 종류와도 구분되는 '새로운 타입'의 붕어로 더 많은 연구가 필요하다고 하였습니다.

현재 태화강에는 붕어, 잉어, 떡붕어, 향어가 서식하고 있습니다. 2022년 물고기 학교 생태탐사에서는 이들 잉어아과 물고기들의 교잡종 여부와 낙동강에 살고 있는 잉붕어, 희나리붕어 등의 태화강 유입 여부를 확인하는 것은 매우 의미 있는 일이 될 것입니다.

지진을 예보하는 물고기

여러분은 민물고기를 몇 종이나 알고 계시나요?

"우리 민물고기 30종 이상을 알고 있는 유망한 사람인가?, 10종밖에 모르는 평범한 사람인가?, 10종도 모르는 불행한 사람인가?"

물고기 박사로 알려진 최기철 서울대 명예교수가 1994년 살아생전 그의 저서 「우리가 알아야 할 민물고기 백 가지」의 머리말에 쓴 글입니다. 물장구치고, 물고기 잡고, 자맥질하던 어릴 적 추억이 아무리 행복의 바탕이 된다고 한다지만 여러분은 이 글에 동의하시나요? 물고기 전문가의 일방적 주장 아닌가요?

저는 10종만 알아도 얼마든지 행복할 수 있다고 믿습니다. 손가락으로 한번 세어보세요. 피라미, 잉어, 붕어, 메기, 배스 등. 더 없어요?

태화강엔 잉어 집안 물고기가 가장 많이 삽니다. 절반인 30여 종이 살죠. 두 번째가 농어목 물고기들입니다. 농어 집안 민물고기로는 꺽지, 배스, 동사리, 가물치, 망둑 종류 등이 있습니다. 현재까지 발견된 종은

13종이죠.

　태화강에 세 번째로 많이 사는 물고기는 어떤 종류일까요? 메기목 물고기들입니다. 메기목에는 메기과의 메기와 미유기가 있고, 동자개과의 동자개와 꼬치동자개가 있으며, 퉁가리과의 자가사리가 있습니다.

　여러분 '메기'하면 어떤 동물이 떠오르나요? '고양이'라구요. 맞습니다. 메기와 고양이가 닮았나요? 공통점이 뭐죠? 수염이 있죠. '고양이'하면 수염이요, '메기'하면 또 수염입니다. 그래서 메기를 영어로는 'catfish'라고 하지요.

　대체로 메기목 물고기들은 수염을 가지고 있습니다. 메기는 두 쌍의 수염을 갖고 있죠. 위턱과 아래턱에 각각 1쌍이 달려 있습니다. 이 수염으로 곤충의 더듬이와 비슷하게 먹이를 탐색하거나 적을 감지하는 일종의 레이더 역할을 합니다. 또 다른 닮은 점은 뭐가 있지요? 야행성입니다. 메기는 낮에는 주로 돌 밑에서 잠을 자고 어두운 밤에 먹이활동을 합니다. 주변이 어두우니 이 수염이 먹이활동에 큰 역할을 합니다. 주로 육식성이죠.

　수족관에 키우는 메기가 갑자기 날뛰며 발작을 한다면 몇 시간 후 어떤 일이 일어날까요? 지진이 일어난다는 이야기가 있습니다. 이는 일본의 설화에서 기인합니다. '메기가 활개를 치면 반드시 지진이 일어난다'는 설화죠.

　일본에서 어떤 사람이 강에 뱀장어를 낚으러 갔다가 메기만 잡히고 뱀장어는 잡지 못했습니다. 그는 메기에 대한 설화를 떠올리고 집으로 돌아와 지진에 대비하자 실제로 그날 밤 지진이 일어났다고 합니다. 그리고 1923년 관동대지진 때도 메기가 활발히 움직이고 많이 잡혔다는 이야기가 있습니다.

지진을 예보하는 물고기

메기는 전지 감지 능력이 뛰어나 지진을 예보하는 물고기로 알려져 있습니다. 일본에서는 메기나 쥐 등 동물을 이용해서 지진을 예측하려는 연구도 하고 있습니다. 그러나 메기의 행동과 지진 발생과의 과학적 입증은 이루어지지 않았다고 합니다.

우리나라의 강과 호수에 사는 메기는 대개 길이가 50cm를 넘지 못합니다. 그러나 무려 길이가 110cm에 14kg이나 나가는 것이 충주호에서 잡혔습니다. 바로 '찬넬메기'죠. 찬넬메기라고 들어 보셨나요? 국명은 찬넬동자개죠. 고향이 미국의 미시시피강인 찬넬메기는 1970년대 초에 양식용으로 도입되어 최근에는 우리나라 인공호와 큰 강에서 출현하는 메기입니다. 또한 유럽 메기인 웰스메기는 3m에 360kg이나 나가고, 메콩강의 자이언트메기는 2.4m에 204kg까지 나가는 것도 있다고 합니다.

찬넬동자개

남창천에서 발견된 '연어'와 '꾹저구'

 2020년 10월 24일, 녹색지기단은 울주군 남창천으로 생태탐사를 나갔습니다. 남창3교 아래에 모여 간단한 인사를 나누고 좀 더 하류 쪽으로 발길을 옮겼습니다. 시민과학자 탐사대원 10여 명이 족대를 들고 투입됐습니다. 특히 주영이 가족은 우리 탐사대의 숨은 공로자이자 자랑입니다.

 먼저 연어가 발견됐습니다. 처음엔 한 마리였지만 잠시 후 여러 마리가 발견되었습니다. 연어는 2003년을 시작으로 태화강에서는 해마다 발견되지만, 남창천 탐사에서는 이번이 처음입니다. 뒤이어 은어, 붕어, 민물검정망둑, 동사리, 몰개 등 다양한 민물고기들이 발견되었습니다. 연어는 산란을 위해 최근에 올라왔지만, 은어는 산란 중이거나 산란을 마친 개체들로 보입니다.

 이날 연어만 발견된 것이 아니라 또 다른 성과도 있었습니다. 태화강에서는 잘 보이지 않는 '몰개'가 남창천에서 발견되었다는 것입니다. 태화강과 그 지천에서는 점몰개와 참몰개는 흔하게 발견되지만, 몰개는 잘 보이지 않습니다.

남창천에서 발견된 연어

몰개 발견 소식과 함께 탐사대원 중 한 명이 이제까지 본 적이 없는 이상한 물고기를 발견했다는 소식이 들려 왔습니다. 갈문망둑, 꾹저구, 문절망둑 등 의견이 분분했습니다. 정확하게 알아보니 망둑어과의 '꾹저구'였습니다. 꾹저구는 이제까지 태화강에서는 발견된 적이 없고, 남창천에서도 이번에 우리 탐사대가 발견한 것이 처음인 것 같습니다.

꾹저구는 작고 볼품없는 탓에 원래 이름조차 없던 물고기였습니다. 1580년 강원지역에서는 연이은 흉년으로 백성들의 생활고가 말이 아니었습니다. 조선 14대 왕 선조(宣祖)는 강원도 관찰사에 송강(松江) 정철(鄭澈)을 임명하여 백성을 구제할 것을 당부했습니다. 신임 관찰사 정철이 기근으로 고생하는 백성들의 사정을 살피기 위해 여러 고을을 시찰하던 길에 강릉 연곡현을 방문했을 때였습니다. 먹을 것은 부족하고 며칠 동안 몰아친 풍랑으로 고기잡이 어선이 바다에 나가지 못했던 터라 싱싱한 해산물을 구할 수 없던 연곡 현감은 급한 나머지 주민들을 시켜 냇가에서 민물고기를 잡아오게 한 뒤 매운탕을 끓여 관찰사를 대접했습니다.

남창천 꾹저구

흉년으로 먹거리가 부족함을 누구보다 잘 알고 있던 정철은 매운탕을 맛보고 그 맛이 뛰어남을 치하하며 무슨 물고기로 끓인 탕이냐고 물었으나 모두가 머뭇거렸습니다. 어느 노인이 이름 없는 물고기임을 밝히고 다만 저어새가 날마다 꾹 집어 먹는 고기라고 말하자 사정을 짐작한 정철이 미소를 지으며 앞으로 이 물고기를 '꾹저구'로 부르면 되겠다고 말했고, 그때부터 꾹저구로 불렀다는· 이야기가 구전으로 전해 옵니다. 강릉지방에서는 지금도 '꾹저구탕'이 유명합니다.

날아가는 잠자리를 잡아먹는 물고기

'물 위로 날아가는 잠자리를 잡아먹는 물고기가 있다.' 물고기가 물 위로 날아가는 잠자리를 점프해 잡아먹는다면 여러분 믿으시겠습니까? 얼마나 점프해야 가능할까요?

물 위로 날아가는 잠자리를 점프해서 잡아먹는 물고기가 있습니다. 바로 '끄리'입니다. 대단한 물고기죠. 물속에서는 물고기 치어들을 마구 잡아먹는 물고기들의 폭군으로 알려진 육식성 어류입니다. 2004년 낙동강에서 태화강으로 이입된 끄리는 지금은 떼를 지어 다니는 태화강의 우점종이 되었습니다.

점프로 날파리를 잡아먹는 물고기도 있습니다. 날이 어둑해지면 피라미들은 수초 사이를 날아다니는 날파리를 사냥하려고 수면 위로 여기저기서 뛰어오릅니다. 여러분도 잘 한번 관찰해보세요.

ⓒ 조한주, 점프해서 잠자리를 잡아먹는 끄리

할아버지와 손자가 태화강국가정원 강변으로 산책하러 나갔습니다. 강 여기저기서 커다란 물고기가 수면 위로 뛰어오릅니다. 손자가 할아버지에게 물었습니다. "할아버지! 물고기는 왜 수면 위로 뛰어오르는 거야?" 할아버지는 뭐라고 대답했을까요? 다음 중 정답이 아닌 것은 몇 번일까요?

① 물 위에 있는 먹이를 잡기 위해서 ② 몸이 간지러워서 ③ 물속에 산소가 부족해서 ④ 포식자에 의해 신변의 위협을 느껴서 ⑤ 기분이 좋아서 ⑥ 상류로 거슬러 오르기 위해서….

정답을 찾아보세요. 정답은 따로 없습니다. 모든 문항이 정답입니다.

태화강에서 뛰어오르는 물고기의 상당수는 숭어나 숭어 새끼인 모치

날아가는 잠자리를 잡아먹는 물고기   135

입니다. 숭어의 지느러미에 등각류목의 일종인 작은 기생벌레(*Nerocila acuminata*)가 달라붙어 서서히 등 쪽으로 이동하면서 근육과 혈액을 손상시킵니다. 기생 벌레가 멀쩡한 살을 파먹으니 얼마나 간지럽겠어요. 그러니 숭어는 점프해서 떨어질 때 수면과의 마찰력을 이용해 그 기생 벌레를 털어내려고 물 위로 뛰어오릅니다.

한여름 해질녘 척과천 정수역에 가면 여기서 폴짝, 저기서 폴짝, 폴짝, 폴짝, 폴짝 피라미들이 막 뛰어오릅니다. 척과천이라면 아직 물도 깨끗한데 이 친구들이 왜 이렇게 뛰어오르는 것일까요? 산소가 부족해서입니다. 들어보셨나요? '용존산소량'이라고. 물속에도, 물 밖에도 산소는 존재합니다. 한낮에는 공기가 팽창해 고기압 상태로 물속과 물 밖의 기압의 상태가 평행을 유지하다 해질녘이 되면 기온이 떨어지니 상대적으로 물 바깥쪽이 저기압이 되면서 물속의 산소가 물 밖으로 빠져 나와 물속의 산소가 부족해집니다. 그러니 피라미는 물속의 부족한 산소를 보충하기 위해 수면 위로 뛰어오르는 것입니다.

그럼 태화강국가정원 강변에선 주로 어떤 물고기들이 뛰어오를까요? 대지에 만물이 소생하고 꽃이 피는 봄이 오면 물고기들도 겨우내 움츠렸던 몸을 털고 힘차게 움직이며 강물 위로 뛰어오릅니다. 수온이 오르면 물고기의 점프왕 숭어가 몸이 가려운지, 기분이 좋아서인지, 포식자를 피해서인지는 모르지만 여기저기서 점프를 합니다. 야생 갓꽃이 태화강가를 노랗게 물들이면 태화강의 잉어들도 강가로 나와 등지느러미를 치켜세우고 철퍼덕철퍼덕 난리를 치며 사랑놀이를 하고 점프도 합니다. 그리고 누치도 뛰고, 끄리도 뜁니다.

태화강국가정원 주변의 강에서 피라미나 갈겨니도 뛸까요? 국가정원 주변에선 피라미나 갈겨니가 뛰는 것은 잘 보이지 않습니다. 하천 정비로 수심이 깊고 샛강이 사라져 피라미나 갈겨니가 살기엔 좋은 환경이 아니죠. 그러나 지난해 울산생물다양성센터 탐사연수에서 다운동 징검다리 주변에서는 갈겨니와 은어가 발견된 적이 있습니다.

 그 밖에도 은어나 황어 등 물고기들이 산란이나 생존을 위해 상류로 거슬러 오를 때 보(湺)나 폭포를 만나면 죽을힘을 다해 높이 높이 뛰어오릅니다. 또한 물고기는 자기가 사는 서식 환경이 깨끗하고 쾌적해도 기분이 좋아 물 위를 뛰어오른다고 하네요.

잉어의 점프

'새뱅이새우'와 '생이새우'의 차이

　민물고기 생태탐사를 하면서 수서곤충이나 갑각류(甲殼類)는 전공이 아니고 복잡하다는 이유로 늘 소홀히 했습니다. 그런데 강에 탐사를 나가 족대를 드리우면 매번 만나는 것이 수서곤충과 갑각류입니다.

　강에서 자주 만나는 수서곤충으론 유충 시기만 물에서 보내는 날도래, 강도래, 잠자리, 하루살이 유충 등 '반(半)수서곤충'이 있고, 평생을 물에 사는 물방개, 물자라, 물장군, 장구애비 등 '진(眞)수서곤충'이 있습니다. 그러나 같은 종의 유충이라도 그 종류가 너무 많아 수서곤충 전공자가 아니면 구별하기가 쉽지 않습니다. 특히 잠자리 유충과 하루살이 유충은 종류가 하도 많아 알면 알수록 머리가 아픕니다.

　하천 생태 탐사에서 거의 매번 빠지지 않고 만나게 되는 갑각류는 새우입니다. 민물새우는 대부분 야행성으로 낮에는 수초나 돌 주변에 숨어지내다 밤이면 먹이활동을 합니다. 우리나라에 서식하는 토종 민물새우로는 한국징거미새우, 줄새우, 새뱅이새우, 생이새우 등이 알려져 있습니다.

　2022년 4월 23일 점촌교 아래 생태탐사에서 줄새우가 나왔습니다.

손바닥 위에서 팔딱팔딱 뛰는 느낌이 어릴 적 산간 계곡에서 가지고 놀던 징거미새우와 크기가 비슷합니다. 그러나 징거미새우보다는 몸 색이 밝고 긴 집게발이 없습니다. 어린 시절 계곡에서 물놀이를 마치면 징거미새우 한두 마리와 갈겨니 한두 마리는 으레 검정 고무신에 담아서 놀곤 했습니다. 태화강 생태탐사에서 한국징거미새우는 흔하게 만나지만 줄새우를 만나는 것은 흔한 일이 아닙니다.

줄새우

 줄새우는 몸에 가로줄 무늬가 여러 개 선명하게 있습니다. 대신 새뱅이새우는 등쪽에 세로로 긴 줄무늬가 있습니다. 물고기는 머리에서 꼬리 쪽을 '세로', 등에서 배 쪽을 '가로'로 표현합니다. 갑각류도 마찬

'새뱅이새우'와 '생이새우'의 차이

가지입니다. 줄새우의 몸에 가로줄 무늬가 있다는 것은 등에서 배 쪽으로 여러 개의 줄무늬가 있다는 뜻입니다. 일부 지역에서는 줄새우를 보리새우라고 부릅니다.

  한국의 토종 민물새우 중 징거미새우는 긴 집게발 때문에 비교적 구분하기 쉽습니다. 줄새우도 성체는 새뱅이새우나 생이새우보다 체구가 커서 구분할 수 있습니다. 문제는 새뱅이새우와 생이새우입니다. 이 두 종류의 새우를 사람들은 예부터 '토하(土蝦)'라고 통칭해 부르면서 이름을 혼용해서 쓰기 때문에 더 구분하기 어렵습니다. 특히 새뱅이새우는 서식 환경에 따라 몸의 색깔이 보호색을 띠면서 달라지기 때문에 더 헷갈립니다.

새뱅이새우

  분명 새뱅이새우와 생이새우는 다른 종(種)입니다. 속(屬)도 다르고 학명도 다릅니다. 새뱅이새우는 네오카르디나속이고, 생이새우는 생이

속입니다. 학명도 새뱅이새우는 '*Neocaridina denticulata*'이고, 생이 새우는 '*Parata compressa*'입니다. 또 생이새우는 새뱅이새우보다 등이 볼록하게 굽은 것이 가장 큰 특징입니다. 생이새우는 4cm 전후의 크기로 기본적으로 반투명하지만, 환경에 따라 녹색이나 갈색을 띠기도 합니다. 어항의 이끼 청소 능력이 뛰어난 새우로 알려져 있습니다.

생이새우

새뱅이새우가 전국에 흔하게 서식하는 반면 생이새우는 동해로 흐르는 일부 하천에만 서식합니다. 태화강 생태탐사 때 새뱅이새우와 생이새우를 구분하고 실제로 생이새우가 태화강에 어느 정도 서식하는지를 알아보는 것도 의미 있는 일이 될 것입니다.

효자고기로 이름난 카멜레온 '밀어'

조선 중종 때 효자로 이름난 '강응정'이란 사람이 논산에 살고 있었습니다. 일찍 아버지를 여의고 형마저 돌아가시자 홀어머니를 극진히 모시고 살았습니다. 어머니가 병석에 눕자 산에서 나무를 해 팔아서 살아가는 어려운 살림인데도 지성으로 병간호를 했습니다.

어느 해 겨울 어머니의 병은 더욱 위독하여 식음을 전폐하고 있었습니다. 그러던 어느 날 어머니는 갑자기 응정을 부르더니 "얘야, 개장국이 한 그릇 먹고 싶구나" 하셨습니다.

한겨울에 강 선비는 부리나케 논산천을 건너 장터에서 개장국을 한 그릇 사서 집으로 돌아오고 있었습니다. 추운 겨울이라 논산천은 얼어 있었습니다. 조심조심 강을 건너다 그만 미끄러져 개장국이 얼음 위에 쏟아지고 말았습니다. 강 선비는 너무 상심하여 얼음을 치며 통곡했습니다. 그러자 국물이 쏟아진 얼음에 구멍이 생기고 그 속에 작은 물고기들이 바글바글했습니다. 선비는 그 물고기를 잡아 국을 끓여 어머니께 올렸습니다. 그 고기를 드시고 어머니의 병환이 호전되었습니다. 그

뒤부터 이 물고기를 '효자고기' 또는 '강효자고기'라고 불렀습니다.

이 효자고기가 태화강에도 있습니다. 특히 대암댐 상류 보은천에 가면 말 그대로 바글바글합니다. 물고기 이름은 '밀어(密魚)'입니다. 울산에서는 '바꾸마치'라는 이름으로 불리고 있습니다. '빽빽할 밀(密)'이란 한자를 씁니다. 태화강 삼호교 위쪽에서는 본류와 지천 어디에서나 발견되는 태화강의 우점종입니다. 밀의 이삭에 밀알이 빽빽하게 붙은 것처럼 몸이 작은 밀어 떼가 빽빽이 떼 지어 이동하는 까닭에 붙은 이름입니다. 그 모습이 언뜻 머리에 떠오르지 않습니다. 이는 밀어가 빽빽이 떼 지어 이동하는 모습을 보지 못했기 때문입니다. 밀 이삭은 많이 보았지만.

밀어는 색상과 형태가 너무나 다양한 물고기입니다. 국내에서는 크게 3가지 유형으로 나누는데 사는 곳이나 생김새에 따라 구분됩니다.

등황밀어

'등황밀어(밀어)'는 전국적으로 서식하는 일반적인 밀어로 몸 전체가 노란빛이 돌고 얼굴이 깨끗합니다. '줄밀어'는 남해안이나 동해안으로 흐르는 하천의 하류에 서식하는 밀어로 얼굴에 줄무늬가 강하게 보입니다. 몸 전체에 얼룩무늬도 뚜렷합니다. 암컷이 알을 배면 그 알 색이 환상적인 푸른빛을 만들어 냅니다. '점밀어'는 제주와 강원도 일부 하천에 서식하며 뺨에 푸른 점이 뚜렷하게 보이는 것이 특징입니다. 그래서 점밀어를 '파랑밀어'라고도 하며 보기가 쉽지 않은 밀어입니다.

점밀어

2021년 4월 23일, 옛 점촌교 아래 탐사에서 밀어가 잡혔습니다. 이제까지 태화강 상류나 척과천에서 보았던 밀어와는 색상이 너무나 다릅니다. 약간 어두운 톤에 등이 얼룩덜룩한 등황밀어였습니다. 얼굴에 V자 모양의 빨간 무늬만 없다면 민물검정망둑인지 밀어인지 알 수가 없을 정도였습니다.

밀어는 채색과 무늬가 서식지나 계절에 따라 변이가 매우 심한 물고기입니다. 밀어를 채집하여 관찰해보면 여러 가지 다채롭고 아름다운 몸 색깔의 밀어를 볼 수 있습니다.

망둑어과 민물고기가 그러하듯 밀어도 2개의 등지느러미를 갖고 있고, 배 쪽엔 지느러미가 변형된 흡반이 있어 여울의 돌이나 바위에 붙어서 먹이활동을 합니다. 검정망둑, 문절망둑, 갈문망둑, 민물두줄망둑 등 태화강의 망둑어과 민물고기 대부분이 담수와 해수가 만나는 기수지역에 서식하는 데 비해 밀어와 민물검정망둑은 강의 중류나 상류, 그리고 지천 등 거의 모든 지역에서 발견되는 태화강의 우점종입니다.

울산생물다양성센터 태화강 민물고기 탐사연수에서 태화강에 '줄밀어'가 살고 있는지를 확인하는 것도 의미 있는 일이 될 것입니다.

줄밀어

척과천의 비극, 서둘러 막아야

그곳엔 생명체가 살지 않았습니다. 물고기가 살지 않는다고 제보를 받은 그곳. 그 흔한 수서곤충도, 새우 한 마리도 보이지 않았습니다. 족대를 대니 흙탕물만 뿌옇게 일었습니다. 2022년 5월 7일 토요일의 일입니다.

척과천 주변에서는 지금 LH에서 다운2공공주택지구를 조성하고 있습니다. 186만6천㎡ 규모로 울산 최대의 주거단지입니다. 이 공사로 척과천 주변은 붉은 속살을 드러내고, 비가 올 때마다 누런 황토물이 강으로 쏟아집니다.

돌가루가 물고기 아가미의 숨구멍을 막아 물고기를 몰살시키듯 담수에 섞인 황토가 민물고기 아가미의 숨구멍을 막아 물고기의 호흡을 방해하기 때문인지 모릅니다. 비가 온 뒤 시간이 지나면서 강물이 자연 정화되면 생태계가 회복될 수도 있습니다. 그러나 비가 올 때마다 이런 일이 반복된다면 척과천의 생태계는 큰 위험에 처하게 될 것입니다.

5월 28일 원래 대곡댐 하류에서 치리나 다묵장어를 탐어(探魚)하려고 했으나 최근에 척과천의 생태계가 파괴되었다는 소식을 접하고 더 많은 울산시민이 그 현장을 직접 체험할 수 있도록 탐사 장소를 척과천으로 바꾸었습니다. 선바위 공원에 모여 척과천으로 출발하려는데 선발대로부터 소식이 왔습니다. 척과천 바닥이 바싹 말라 탐사를 할 수가 없다는 것입니다. 어쩔 수 없이 이날의 탐사 대상지는 척과천 상류 쪽인 신척과교 주변으로 잡았습니다.

바짝 메말라 버린 척과천 모습

물론 A조는 신척과교 주변, B조는 척과보건소 주변을 탐사했습니다. 이곳은 조성되는 주택지구를 벗어난 곳이라 아직 생태계가 살아있었습니다. 이날 A, B조가 발견한 어류는 잔가시고기, 점몰개, 돌고기, 민물검정망둑, 갈겨니, 참갈겨니, 피라미, 미꾸리, 왕종개, 기름종개, 밀어, 버들치 등이고, 그 밖에 새뱅이 새우, 옴개구리 등 다양한 수서생물들이 발견되었습니다. 그러나 이곳도 머지않아 척과천 주변에 1만4천여 가구에 3만5천여 명을 수용할 수 있는 대규모 공공주택지구가 들어서면 언제 생태계가 파괴될지 알 수 없습니다.

 5월 31일 가뭄이 계속되는 바람에 농작물이 타들어 가고 있었습니다. 퇴근길에 척과천을 찾았습니다. 예상했던 대로 하천 바닥은 물 한 방울 없이 하얗게 바닥을 드러내고 있었습니다. 다전 야외 물놀이장 주변의 척과천은 물이 흐르지 않는 건천(乾川)으로 변해 있었습니다. 척과천 상태를 좀 더 자세히 살펴보기 위해 서사사거리에서 천천히 하류로 내려오면서 하천을 둘러보았습니다. 구 서사교 아래에는 가뭄이 한창인데도 시계천을 타고 들어온 황토물로 하천은 바닥이 보이지 않았고, 시계천 주변은 택지조성을 위해 대형 트럭들이 분주히 오가고 있었습니다.

 좀 더 하류로 내려와 입화산 참살이숲 입구로 들어갔습니다. 포클레인 소리가 진동을 하고, 공사 차량들은 뿌연 먼지를 일으키며 어디론가 달려가고 있었습니다. 이곳엔 아직 웅덩이에 물이 있었습니다. 커다란 물탱크를 실은 트럭이 웅덩이의 물을 빨아들이고 있었습니다. 이 웅덩이를 기점으로 아래쪽 하천에는 물이 한 방울도 흐르지 않았습니다. 이곳의 물은 어디로 사라지는 것일까요? 지하로 흘러 들어가는 것일까요? 아니면 태화강국가정원 오산못으로 가는 것일까요? 아무튼, 하천에 물이 없다는 것은 수생생태계가 파괴되었음을 의미합니다.

 이제 척과천 주변의 산림과 논 대부분은 콘크리트 바닥으로 덮일 것입니다. 수분을 머금고 조금씩 하천으로 물을 내려보내는 완충지대가 사라지는 것입니다. 가물면 하천은 바닥을 드러낼 것이요, 큰비가 오면 강 하류는 빗물이 한꺼번에 쏟아져 홍수가 일어날 것입니다.

 하필 태화강의 깃대종인 각시붕어가 살고 울산시 보호어종인 점몰개, 잔가시고기가 사는 울산의 청정하천인 척과천 주변을 개발한다는 것은 참으로 유감스러운 일입니다. 지금이라도 척과천 생태계를 보호할 수 있는 대책과 척과천 하류 지역의 홍수를 방지할 수 있는 대책을 세우는 것이 시급해 보입니다.

물 한 방울 없는 척과천

큰입배스 어묵, 맛을 어떨까요?

2009년의 일입니다. 태화강 선바위 소(沼)에 스킨스쿠버 동우회 회원들이 투입되었습니다. 소(沼)에 어떤 물고기들이 서식하는지 조사하기 위해서입니다. 물에서 나오는 회원마다 작살에는 조기만한 커다란 큰입배스가 잡혀 있었습니다. 금세 십수 마리가 잡혔습니다. 탐사대원들 사이에는 배스 맛에 대한 의견이 분분했습니다. 현장에서 매운탕을 끓여 직접 맛을 보자는 의견이 나왔습니다.

선바위 공원이 조성되기 전 그곳에는 '할머니 매운탕집'이 있었습니다. 약간의 수고비를 드리고 큰입배스 2마리로 매운탕을 끓였습니다. 너도나도 숟가락을 들고 매운탕 맛을 보았습니다. 한결같이 아무런 맛이 없다는 것입니다. 뒤에 안 사실이지만 큰입배스는 피부가 두꺼워 고기에 칼금을 하지 않으면 양념이 고기에 배이지 않아 맛이 없었다는 것을 알게 되었습니다. 하지만 살코기만을 골라 튀김을 하면 어느 정도 먹을만하다는 이야기도 있습니다.

아시다시피 큰입배스는 1973년 양식을 위해 도입된 생태 교란 외래

어종. 하천, 저수지, 호수 등 비교적 수심이 깊은 곳에 서식하면서 우리의 토종물고기들을 닥치는 대로 잡아먹어 지자체마다 큰입배스 퇴치를 위해 골머리를 앓고 있습니다. 수매, 낚시대회, 배스 요리 경연대회 등 여러 묘안을 내 보지만 그 왕성한 번식력에 비하면 역부족입니다.

태화강에도 삼호교에서 선바위 소(沼) 사이뿐만 아니라 수심이 비교적 깊은 곳은 큰입배스가 자리를 잡고 우리 토종물고기들을 마구 먹어치우고 있습니다. 1990년대 다운동 징검다리 주변 정수역 수초 아래에 살던 납자루아과 물고기들, 선바위보 아래 큰 웅덩이에 바글바글하던 기름종개들. 이들은 흔적도 없이 사라지고 말았습니다. 과연 이들이 사라진 이유는 뭘까요?

큰입배스

육식성 어류인 큰입배스와 블루길 그리고 끄리를 범인으로 보고 있습니다.' 이들이 태화강에 번성하면서 작은 물고기들을 모조리 잡아먹기 때문입니다. 큰입배스는 특히 납자루아과와 종개류 물고기를 좋아합니다. 2017년 MBC '돌직구' 프로그램에서 어항에 납자루아과 물고기와 큰입배스를 넣으니 배스는 각시붕어를 넙죽넙죽 잘도 먹어치웠습니다. 그리고 큰입배스의 뱃속을 가르니 그곳엔 종개류가 나왔습니다.

태화강엔 큰입배스 외에 토종물고기를 잡아먹는 또 다른 생태교란종 외래 물고기가 있습니다. 블루길입니다. 블루길은 1969년 수산청이 시험 양식을 위해 일본으로부터 처음 도입된 종으로 갑각류인 새우를 닥치는 대로 먹어 치워 수생태계를 위협하고 있습니다.

블루길

큰입배스 어묵, 맛은 어떨까요?

2012년 다큐멘터리 '각시붕어를 찾아서'를 울산 KBS에서 제작하면서 울산 태화강을 샅샅이 뒤진 적이 있습니다. 촬영 막바지에 두동 연화천을 지나 이전천을 따라 만화리 박제상로 주변 저수지까지 이르게 되었습니다. 저수지 이름은 주토곡하 저수지입니다. 혹시 납지리나 태화강 깃대종인 각시붕어가 살지 않을까 하여 저수지에 투망을 던졌습니다. 묵직한 게 수백 마리의 물고기가 올라왔습니다. 그런데 색깔도 선명하게 모든 물고기가 블루길 한 종이었습니다. 여기까지 블루길이 장악한 것입니다. 그밖에 태화강엔 일본에서 들여온 떡붕어, 1973년 이스라엘 농무성에서 양식을 위해 들여온 향어, 붉은귀거북 등의 외래종이 살고 있습니다.

  그런데 최근에 일부 지자체에서 비린내와 흙냄새가 나 민물고기 애호가들로부터 외면을 받던 이 배스와 블루길로 어묵과 어포를 생산해 주목을 받고 있습니다. 수산물 가공업체 대표는 "미국이나 일본에서 식재료로 애용되고 있으며 비린내 제거 과정을 거쳐 어묵을 만들었습니다. 배스는 고기를 잡아먹는 어종이어서 육질이 탄탄하고, 단백질이나 지방 함량이 높아 굉장히 고소하고 맛있습니다."라고 말합니다. 큰입배스나 블루길로 어묵이나 어포를 만드는 사업이 성공해서 생태 교란 외래종 물고기를 몰아내는 데 성공할지 아니면 이벤트성 사업으로 그칠지는 두고 봐야 할 것입니다. 이왕이면 이 사업의 연속성을 위해 일부 예산을 환경부가 지원하는 것도 좋을 듯합니다.

왜 수수미꾸리는 기름종개 자리를 차지했나?

여러분! 미꾸리를 아세요? 들어보셨어요? 미꾸라지는 아시죠.

미꾸라지와 비슷한데 좀 둥글한 물고기가 있습니다.

태화강엔 잉어목 미꾸리과 물고기가 현재 6종이 사는 것으로 알려져 있습니다. 왕종개, 기름종개, 기왕종개, 미꾸리, 미꾸라지, 수수미꾸리죠.

미꾸리는 미꾸라지와는 같은 속이지만 엄연히 다른 종입니다. 일반 사람들은 잘 구분하지 않죠. 미꾸리와 미꾸라지는 구분할 줄 아세요? 미꾸리를 둥글이, 미꾸라지를 납작이라고 부릅니다. 미꾸리는 몸통이 좀 둥글고, 미꾸라지는 좀 납작합니다. 미꾸리는 강의 중류나 지천에서도 흔히 보이지만 미꾸라지는 논 주변의 웅덩이나 농수로 등지에 많이 서식합니다.

동의보감에는 미꾸리가 '미끄리'로 등록되어 있으나 한국어도보(韓國魚圖譜, 1977)에서 미꾸리로 변경되어 표준국명으로 사용되고 있습니다. 어원은 피부가 미끄러워 미꾸리가 되었다는 설과 항문으로 공기 방울을 배출하는 것이 마치 방귀를 뀌는 듯하여 밑이 구린 물고기라 해서 미꾸리가 되었다는 설이 있습니다.

태화강 민물고기 잉어목에는 잉어과, 미꾸리과, 종개과가 있습니다. 미꾸리과 미꾸리속에 미꾸리, 미꾸라지가 있고, 참종개속에 왕종개가, 기름종개속에 기름종개가, 수수미꾸리속에 수수미꾸리가 있습니다. 기왕종개는 아직 분류되지 않았습니다. 그리고 태화강엔 잉어목 종개과에 쌀미꾸리가 있습니다.

문제는 분류가 미꾸리과에 무슨 무슨 종개가 있고, 종개과에 무슨 미꾸리가 있는 것입니다. 미꾸리과엔 무슨 무슨 미꾸리, 종개과엔 무슨 무슨 종개 등으로 분류되어 있으면 얼마나 좋겠습니까? 미꾸리과 어미(語尾)에 종개란 이름이 붙은 물고기가 있고, 종개과 어미에 미꾸리란 이름이 붙은 종류가 들어 있으니 참으로 혼란스럽습니다. 미꾸리과에 속한 왕종개, 기름종개는 왕미꾸리, 기름미꾸리라고 이름을 붙이고 종개과에 속한 쌀미꾸리를 쌀종개 등으로 이름을 붙였으면 좋지 않았을까요? 미꾸리와 종개의 특징을 잘 살려서.

아무튼 옛날엔 태화강에 미꾸리과 기름종개(지름쟁이)가 참 많았습니다. 태화강 중상류에서 흔하게 볼 수 있던 물고기였습니다. 그러나 지금은 태화강과 그 지천에서 쉽게 볼 수 없는 종이 되고 말았습니다. 선바위 보 아래 그렇게 바글바글하게 많이 살던 기름종개는 다 어디로 갔을까요? 반가운 소식은 종적을 감추었던 기름종개가 2022년, 2023년 선바위보 아래에서 다시 발견되고 있다는 사실입니다.

반면에 태화강에 살지 않던 수수미꾸리, 이 수수미꾸리가 2009년 낙동강에서 태화강으로 이입된 이후 태화강의 중상류를 점령하여 태화강의 우점종이 되었습니다. 왜 이런 현상이 일어났을까요? 기름종개는 유속이 느리고 바닥에 모래가 깔린 하천의 중상류에 서식합니다. 비교적 수심이 깊어도 잘 살아갑니다. 선바위 보 아래 깊은 웅덩이에 서식

했던 것을 보아도 그렇죠. 따라서 기름종개는 큰입배스, 블루길 등 육식성 어류와 서식지가 일부 겹칩니다. 그러니 미꾸리 종류를 좋아하는 이들의 먹잇감이 되어 기름종개의 개체 수가 급격히 줄어들었을 가능성이 있습니다.

기름종개

그러나 수수미꾸리는 상류의 물이 맑고 물의 속도가 빠르며 자갈이 많은 여울에서 살아갑니다. 여울에서 살기 때문에 이런 육식성 어류와 서식지가 겹치지 않습니다. 큰입배스가 물의 속도가 빠른 여울에 사는 수수미꾸리를 잡아먹기는 쉽지 않겠지요. 이 때문에 태화강엔 기름종개 대신 수수미꾸리가 늘고 있는 것이죠.

또 다른 문제는 태화강에 사는 기름종개가 한국고유종인가 하는 것입니다. 인터넷에 '기름종개'를 치면 국립중앙과학관 담수어류도감에는 기름종개가 고유종이라고 소개되어 있습니다. 그러나 바로 그 밑에 나오는 담수어류사전에는 기름종개가 중국이나 대만에도 산다고 나옵니다.

수수미꾸리

미꾸리

태화강의 깃대종 각시붕어도 한국고유종에 대한 논쟁이 있듯 그 밖에 여러 물고기도 학자들 간에 고유종에 대한 다른 의견이 있습니다. 한국의 민물고기 분류는 더 많은 시간과 연구가 필요해 보입니다.

한국에는 17종의 미꾸리과 물고기가 사는 것으로 알려져 있습니다. 일본의 어류학자 우치다가 '한반도에는 기름종개만 산다'라고 할 만큼 그 당시에는 종류가 많지 않았습니다. 하지만 1975년 전북대 전임강사이던 김익수 교수가 우리나라 고유종인 참종개를 신종으로 학계에 발표한 이후 부안종개, 미호종개, 남방종개, 북방종개, 동방종개, 왕종개 등 10여 종의 미꾸리과 민물고기를 학계에 보고하면서 한국에 서식하는 미꾸리과 물고기의 수가 많이 늘어나게 됩니다.

얼룩동사리 소동

얼룩동사리라고? 아니 이제까지 태화강에서 발견된 적이 없는데. 덩치로 보나 색깔로 보나 탐사 때마다 늘 태화강에서 보던 그 암갈색 동사리와는 사뭇 달라 보이네. 최근 낙동강에 인위적으로 풀어 서식한다는 그 얼룩동사리가 태화강까지 온 것인가?

2022년 5월 19일, 다운동 징검다리 주변에서 철새홍보단 회원들과 태화강 민물고기 탐사연수를 했습니다. 한 회원이 15cm는 돼 보이는 커다란 황갈색 동사리를 잡아 와 몸 전체에 얼룩얼룩한 무늬가 있다며 얼룩동사리 가능성을 제기했습니다.

우리나라에는 4종의 동사리과 물고기가 살고 있습니다. 동사리, 얼룩동사리, 남방동사리, 좀구굴치이죠. 동사리(*Odontobutis platycephala* Iwata & S. R. Jeon)는 임진강에서 낙동강까지 서해와 남해로 흐르는 하천에 분포했으나 최근에는 인위적 이입으로 동해로 흐르는 하천에도 서식합니다. 한국 고유종으로 알려진 동사리는 태화강본류는 물론 지천에서 흔하게 볼 수 있는 태화강의 우점종입니다. '동사리'라는 이름은 서식지가 강 아래 돌 밑에서 산다는 '돌살이'가 변형되어 '동사리'라는 이름이 붙었다는 설과, 돌 아래서 겨울을 난다고 하여 '겨울 동(冬)'자를 써서 동사리가 되었다는 설이 있습니다.

동사리를 경상도 방언으로는 '망태'라고도 부릅니다. 어린 시절 작은 개울에서 돌을 들추면 이 망태는 재빨리 다른 돌 밑으로 숨어들죠. 냇물에서 이 동사리를 쫓아다니는 일은 참 즐거운 놀이였습니다. 동사리는 멍텅구리, 구구리, 꾸구리, 뚝지기 등 수십 가지 사투리를 가지고 있습니다. 1820년경에 발간된 서유구의 난호어목지(蘭湖漁牧志)에서 동사리를 둑지게(堰負魚:언부어)라 부른 것은 둑 밑에 엎드려 웬만해서는 잘 떠나지 않기 때문입니다.

얼룩동사리

동사리는 우리 한반도에서 오래전부터 한민족과 함께 살아온 물고기입니다. 하지만 동사리는 1984년에야 전상린 상명대 교수와 일본인 어류분류학자 아키히사 이와타가 얼룩동사리와 함께 학계에 신종으로 발표하고 1985년 이들의 이름이 올라간 학명을 얻게 됩니다. 1985년 당시 일본 어류학 잡지에 일본, 중국, 한국에 서식하는 동사리속(*Odontobutis*)에 대한 논문을 실으면서 오타(誤打)로 '얼룩동사리'를 '얼록동사리'로 잘못 적은 것이 오늘날까지 살아남아 일부 문헌에서는 '얼록동사리'로 표현하는 곳이 있으나 이는 '얼룩동사리'로 바로잡아야 합니다.

태화강 다운동 징검다리 주변에서 잡힌 동사리

얼룩동사리는 금강 이북의 서해로 흐르는 하천에만 서식하는 것으로 알려졌으나 현재 영산강과 탐진강에도 분포하며 최근에는 낙동강에서도 인위적 이입으로 발견되고 있습니다. 낙동강에 서식한다는 것은 언제든지 낙동강 물의 태화강 유입으로 태화강에도 얼룩동사리가 나타날 수 있는 개연성이 있다는 것이죠. 그 밖에 우리나라에 서식하는 동사리과 물고기로는 거제도 산양천에만 사는 남방동사리와 우리나라 만경강과 중국에 서식하는 좀구굴치가 있습니다. 남방동사리는 2012년에 멸종위기 동식물 1급으로 지정되었고, 일본에서는 일본동사리라는 이름으로 서식하는 종입니다.

그럼 동사리, 얼룩동사리, 남방동사리는 어떻게 구분이 될까요? 동사리는 몸통을 두르는 검은 가로줄이 3개 있습니다. 이 가로줄의 모양과 위치에 따라 그냥 동사리, 얼룩동사리, 남방동사리로 구분합니다. 동사리는 등에 2개의 등지느러미를 갖고 있으며 머리에 가까운 지느러미를 제1등지느러미, 꼬리에 가까운 지느러미를 제2등지느러미라고 합니다.

검은 가로줄 무늬가 제1등지느러미와 제2등지느러미의 사이를 지나고 그 모양이 막대꼴이면 동사리, 검은 가로줄 무늬가 제1등지느러미 위를 가로지르며 막대꼴이면 얼룩동사리, 검은 가로줄 무늬가 제1등지느러미를 지나며 그 모양이 리본꼴이면 남방동사리입니다. 참 어렵죠.

특히 얼룩동사리는 검은 가로줄 무늬가 끊어져 있어, 등의 양옆에 세로로 1자 모양의 줄이 선명해 보입니다. 그리고 검은 얼룩무늬가 다른 동사리보다 많습니다. 확인 결과 태화강에서 잡힌 동사리는 유감스럽게도 얼룩동사리가 아닌, 그냥 동사리였습니다. 아직 태화강에서 얼룩동사리가 나타난 적은 없습니다. 암갈색 동사리와 달리 황갈색으로 보인 것은 천적을 피하기 위한 보호색 때문이었습니다. 그러나 울산의 여천천 상류 웅덩이에 얼룩동사리가 서식한다고 하는데 참 미스터리입니다. 이입 과정을 확인해 볼 필요가 있습니다.

태화강엔 동방자가사리가 산다

  어릴 적 강가에서 자랐다면 고기를 잡다 '텅가리'에 쏘인 기억이 있을 것입니다. 텅가리가 뭐냐구요? '텅사리'인 것도 같고.

  더운 여름날 땡땡이를 치고 강에 나가 돌 밑에 손을 넣으면 고기가 우글우글했죠. 그러다 손을 잘못 넣으면 따끔하면서 피가 나죠. 한동안 쓰리고 아픕니다. 텅가리에 쏘인 것이죠. 가슴지느러미에 있는 가시로 찌른 것입니다. 사람 손이 자기들이 사는 영역을 침입했으니 가만둘 리 없겠지요.

  텅가리? 최근까지도 메기목 퉁가리과의 퉁가리나 퉁사리의 방언으로만 짐작하고 있었습니다. 그런데 어릴 적 추억의 텅가리는 퉁가리나 퉁사리가 아니고 자가사리였습니다. 최근 퉁가리과 물고기의 서식지를 조사하면서 퉁가리는 한강 수계 이북에 서식하고, 퉁사리는 금강 중류나 만경강, 영산강 상류 지역에 제한적으로만 서식하며, 자가사리는 주로 낙동강 수계와 남부지방 하천에 서식한다는 것을 알게 되었습니다. 그러니 제가 어린 시절을 보낸 곳이 낙동강 수계이니, 그때 텅가리는 자가사리임이 틀림없죠.

퉁가리는 머리 한가운데가 깊게 골이 파여 있어서 마치 머리통이 둘로 갈라진 것처럼 보이기 때문에 붙여진 이름이고, 자가사리는 자갈이 많은 곳에서 사는 '자갈살이'에서 유래한 이름이며, 퉁사리는 퉁가리의 '퉁' 자와 자가사리의 '사리'를 붙여 생겨난 이름입니다.

퉁가리, 퉁사리, 자가사리는 모두 한반도 고유종으로, 사는 지역에 따라 물고기의 모양이나 무늬가 약간씩 달라 얻은 이름이어서 구분하기 참 어렵습니다. 먼저 자가사리는 퉁가리나 퉁사리와 쉽게 구분이 됩니다. 잘 살펴보면 자가사리는 아래턱이 위턱보다 현저하게 짧은 것을 알 수 있습니다.

퉁가리

그럼 퉁가리와 퉁사리는 어떻게 구분하나요? 서식지로 구분하기도 하지만, 퉁가리는 머리가 둥그스름하고 노란색이 도는 갈색이지만 퉁사리는 전체적으로 황색이나 배지느러미 이외의 지느러미는 담황색을 띠는 것이 특징입니다. 지느러미 가에 누런 띠가 있죠.

더 어려운 것은 퉁가리속 자가사리에도 그냥 자가사리(*Liobagrus mediadiposalis* Mori, 1936), 섬진자가사리(*L. somjinensis* Kim and Park 2011), 동방자가사리(*L. hyeongsanensis* 2015)가 있다는 것입니다.

섬진자가사리는 박종영, 김형수 박사가 섬진강에서 처음 발견해 2011년 신종으로 발표한 종으로 섬진강, 동진강, 탐진강, 영산강, 거금도, 금오도 등지에 서식하며 꼬리에 노란 초승달 무늬가 있는 것이 특징입니다. 동방자가사리는 김형수, 김수환, 박종영 박사가 2015년 신종으로 등록한 물고기로 자가사리보다 크기가 좀 작고 염색체의 모양이나 크기가 자가사리나 섬진자가사리와 다르며 형산강, 태화강, 대종천 상류의 작은 개울에 사는 것으로 보고되고 있습니다.

자가사리

2022년 7월 29일 동방자가사리를 만나러 대종천을 찾았습니다. 그러나 대종천 하류에서는 동방종개만 많이 만나고 동방자가사리는 만나지 못했습니다. 8월 3일 또다시 동방자가사리를 만나기 위해 대종천의 상류를 찾았습니다. 이곳에서도 가뭄으로 강바닥이 모두 건천으로 바뀌어 물길을 찾지 못하고 중류에서 탐사했으나 동방자가사리는 만나지 못했습니다. 다음에는 호암천 상류 기림사 주변의 하천과 형산강 상류 쪽을 살펴보아야겠습니다.

동방자가사리

 2015년 이전까지만 해도 자가사리와 동방자가사리는 구분하지 않고 모두 자가사리로 불렀습니다. 그래서 이제까지 태화강엔 자가사리만 서식하는 것으로 알려져 있었습니다. 8월 하순 탐사 연수 때는 태화강의 동방자가사리 서식 여부를 꼭 확인해야겠습니다.

[참고문헌]

- 권오길, 『열목어 눈에는 열이 없다』 (지성사, 2005)
- 김익수, 『그 강에는 물고기가 산다』 (다른세상, 2013)
- 김병직 외 『외국에 없는 우리 민물고기』 (지성사, 2021)
- 김기경 외 『연구자들이 들려주는 우리 생물 이야기』 (국립생물자원관, 2020)
- 노세운, 『우리 물고기 이야기』 (진선아이, 2018)
- 이완옥, 『알고 보면 더 재미있는 물고기 이야기』 (뜨인돌출판(주), 2018)
- 최기철, 『우리가 정말 알아야 할 민물고기 100가지』 (현암사, 1994)
- 최헌섭 외, 『최초의 물고기 이야기』 (경상대학교 출판부, 2017)

[참고자료1] 2004 태화강 어류 보고 : 태화강의 물고기들

2004 태화강 어류 보고 : 태화강의 물고기들

강영철 (두광중)

태화강의 물고기들

보고서 작성 : 두광중 강영철

1. 태화강 수계의 어류상 조사

아래 목록은 태화강 전 수역을 다음과 같이 10개 지점으로 크게 나누어 2004년 4월부터 2004년 8월까지 20여 차례에 걸쳐 조사한 결과로, 주로 투망과 통발, 족대에 의존해 조사하였으며 주민들의 그물과 낚시에 걸려 올라온 것도 모두 대상에 포함시켰다. 조사 기간 내 채집·확인된 개체는 모두 37종 900여 점으로서 1998년 당시에 조사했던 자료와 비교해 볼 때 쌀미꾸리, 드렁허리, 줄종개, 백조어, 살치 등 몇 종의 어종을 태화강 수계에서 발견하지 못한반면 은어, 꺽지, 끄리 등 새로운 어종이 추가 발견되었다.

제1지점 : 상북면 산전교 일대

제2지점 : 언양 작천정 일대

제3지점 : 대곡댐 상류 일원

제4지점 : 반송 구수교 주변 (구늪숲)

제5지점 : 대암댐 상류 및 태화천 일대

제6지점 : 반천 무동교 주변

제7지점 : 범서 선바위 주변

제8지점 : 범서 구영리 일대

제9지점 : 척과천 및 삼호교 주변

제10지점 : 동천 및 하류 명촌교 일대

<표 1> 조사 지점별 채집·확인된 어류 현황

번호	종 명	상북산전교	언양작천정	대곡댐상류	반송구수교	대암댐일원	반천두동교	범서선바위	구영리일원	삼호교일대	하류명촌교	비 고
1	가물치									0		
2	블루길			0						0		외래종
3	동사리	0				0	0	0	0	0		한국특산종
4	은 어										0	동천
5	미꾸라지					0	0			0		
6	기름종개								0	0		
7	왕종개	0	0	0		0		0		0		한국특산종
8	동자개			0					0	0		
9	미꾸리					0						보은천
10	꺽 지	0			0	0	0	0	0			한국특산종
11	검정망둑			0		0			0	0		
12	밀 어			0	0	0	0	0	0	0		
13	문절망둑									0		
14	메 기				0		0		0			
15	뱀장어									0	0	
16	송사리										0	동천

번호	종 명	상북산전교	언양작천정	대곡댐상류	반송구수교	대암댐일원	반천무동교	범서선바위	구영리일원	삼호교일대	하류명촌교	비 고
17	숭어									0	0	
18	버들치	0	0	0	0	0				0	0	
19	갈겨니	0	0	0	0	0	0	0		0		
20	피라미	0		0	0	0	0	0	0	0	0	
21	끄리									0		
22	떡붕어									0	0	외래종
23	버들붕어										0	동천
24	누치									0	0	
25	치리									0		한국특산종
26	돌고기			0						0		
27	점몰개		0	0	0					0	0	한국특산종
28	참몰개		0	0		0	0	0	0	0		한국특산종
29	참붕어					0				0		
30	각시붕어			0								한국특산종
31	붕어			0		0	0		0	0	0	
32	잉어			0						0		
33	납지리					0			0	0	0	
34	큰가시고기									0		척과천
35	큰납지리					0				0		
36	자가사리			0						0		한국특산종
37	미유기			0					0			한국특산종
38	다묵장어			0								대곡상류
39	베스			0		0			0	0		외래종
합계(종)		6	6	18	5	18	8	8	14	29	11	

　　조사 기간 동안 태화강 수계에서 살고 있는 것으로 밝혀진 어종은 모두 15과 39종으로서 이 중 한국 특산종은 동사리 등 9종이고 외래종으로는 블루길, 배스, 떡붕어 등 3종으로 확인되었다.

2. 태화강 수계의 오염원 분포 조사

<그림 1> 태화강 수계지도

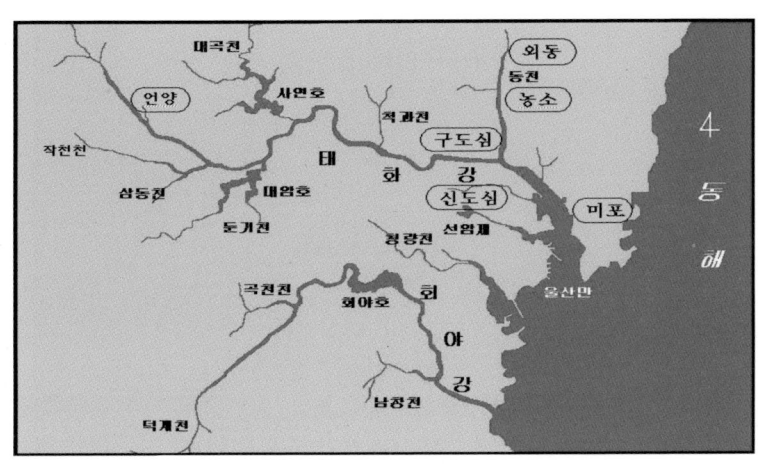

<그림 2> 태화강 수계의 주거지역 분포도

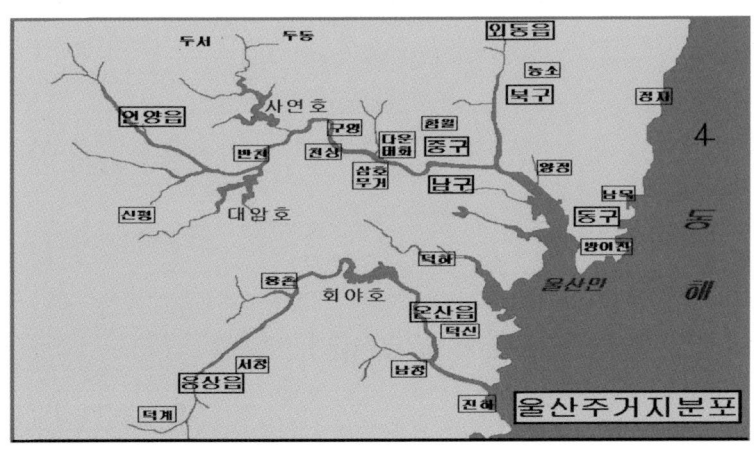

<그림 3> 태화강 수계의 공단지역 분포도

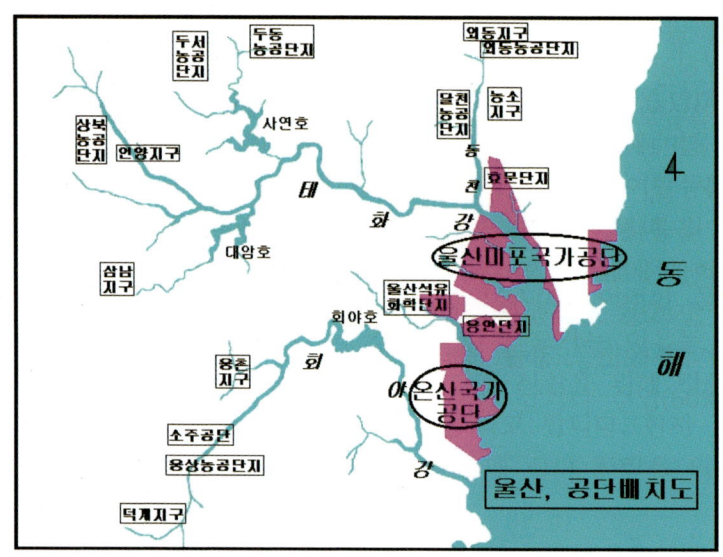

　전체적으로 살펴볼 때 태화강 수계의 상류지역은 몇 년 전만 하더라도 1급수 내지는 이에 가까운 수질을 유지하였는데 이제는 농공단지와 축산단지 그리고 석남사 일원에 유흥음식점 등이 늘어나 이곳에서 쏟아내는 공장폐수와 축산폐수 및 생활하수 등이 모두 수질오염의 원인이 되어, 강을 따라 흐르는 물을 들여다보면 윗물은 대체로 맑아 보여도 강바닥은 오니로 깔려 있어서 수질 상태가 여전히 좋지 않음을 알 수 있는데 특히 24호선 국도 확장공사로 하천이 곳곳이 훼손되고 많은 토사가 유출되어서 태화강의 어류 생태계에 적지 않은 영향을 준 게 사실이다.

탐사코스를 따라 수질의 변화를 살펴보면 상류 지역의 해맑은 물이 최초의 인구밀집 주거지역인 언양읍을 지날 때에는 다량의 생활하수가 유입됨으로써 수질은 더욱 악화되어 물고기가 살기 힘든 수질오염 구간을 잠시 형성하나, 이 물이 태화천과 반천을 지나 범서 선바위까지 오는 중류 구간에서는 산천이 수려하고 유량이 풍부하여 우선 윗물은 맑아 보이나 강바닥은 언양읍에서 배출된 오염 물질과 도로확장공사로 유출된 토사 등으로 뻘밭이 되어 수초 등이 많이 사라진 탓에 각시붕어나 버들붕어, 큰납지리 등 일부 어종의 발견이 쉽지 않았다. 강의 중류 구간을 지나는 동안 물의 자정작용은 비교적 활발하여 어느 정도 수질이 개선되는 경향을 보여 선바위 부근을 지날 무렵엔 제법 수질이 개선된 듯한데, 범서읍을 관통하면서 구영리와 천상골의 대단위 아파트 단지에서 유입되는 다량의 생활하수로 오염의 정도가 다시 높아지게 되고, 이어서 인구밀집지역인 울산 시내를 지날 때에는 수십 군데의 하수구에서 제대로 걸러지지 못한 생활하수가 바로 강으로 방류됨으로써 결국 수질은 4급수 이하로 떨어지게 되고 강 하구에 밀집한 공단지역에서 배출되는 공장폐수와 더불어 수질은 최악의 상태로 떨어지는데, 이 물이 울산만으로 흘러들면서 해수에 희석되어 마침내 담수로서의 생명을 다하게 된다.

3. 태화강 본류 중 특정 지점별 수질변화에 따른 어류 분포 조사

(1) 석남사 계곡, 작천천, 상북면 궁근정 일대

　　석남사 계곡과 작천천 상류 지역은 가지산과 신불산 일대에서 흘러나오는 맑은 계곡물로 흐르는 물이나 강바닥의 상태가 매우 양호하여 가히 1급수라고 볼 수 있으며 버들치, 자가사리, 갈겨니, 피라미, 왕종개, 동사리, 꺽지 등이 살고 있었다.

그러나 석남사 입구에서 아래쪽으로 내려갈수록 유흥음식점이나 숙박업소 등이 많이 몰려 있어서 이곳에서 배출되는 각종 생활하수로 수질이 빠르게 오염되고 있는 실정이며, 더욱이 최근 진행된 24호선 국도 확장 공사와 어도 개선 사업 등으로 도처에서 강바닥이 마구 파헤쳐지는 바람에 다량의 토사가 유출되어 수질오염 및 하천생태계에 큰 변화를 초래하고 있고, 또 상북 농공단지 하류는 공단에서 사용하는 지하수 탓으로 인해 하천이 상당 부분 건천화가 되어 있어 안타까운 마음을 금할 수 없다.

(2) 작천천 계곡

상류 지역인 간월산장 아래 지역은 깊은 계곡에 비해, 산장과 식당에서 유입된 음식물 찌꺼기와 부유물이 상당히 많아 보이며, 채집된 어종은 버들치 1종뿐이었다. 여러 군데 설치된 수중보가 너무 많고 취락객들이 버린 음식물 찌꺼기와 함께 수질이 제법 오염되어 있었다. 하지만 하류 지역인 작천정에 이르러서는 수량도 많으며 갈겨니를 비롯해서 점몰개, 참몰개, 밀어, 왕종개, 다슬기, 민물새우 등 많은 개체수의 물고기들을 만날 수 있었다.

(3) 대곡천 수계

대곡댐 상류 - 인보면 상류에서 흘러온 축사 오염물로 인해 상수원 보호구역이 무색하다. 바닥에는 거머리와 유기물이 아직도 많으며, 잠자리 유충과 각다귀 유충 등 수서곤충이 족대로 인한 간단한 채집방법에도 다수가 발견된다. 수질은 다소 맑은 편이며, 하천바닥에는 다슬기가 상당히 많이 발견된다.

또한 휴일 나들이객이 대곡천 일대에서 민물고기 채집을 상당히 많이 하고 있으며, 누군가의 농약 살포가 있었던지, 다묵장어, 갈겨니, 피라미 등 많은 민물고기가 죽은 채로 발견되었다. 피라미, 갈겨니, 점몰개, 왕종개, 버들치, 밀어, 민물검정망둑, 도룡뇽, 자가사리, 메기, 붕어, 돌고기, 다묵장어, 동자개, 이하 14종 발견.

대곡댐 하류 - 대곡댐 공사 마무리 단계로서 지난해에 비해 토사이동으로 인한 하천오염은 덜하지만, 하직도 하천바닥에는 마무리공사로 인한 두꺼운 토사가 깔려 있었다. 다슬기가 매우 많아 하천에 많은 사람들이 다슬기를 채취하고 있었다.

댐 아래 지역에서는 돌고기, 피라미, 갈겨니, 밀어, 왕종개, 점몰개, 메기, 민물새우, 잉어, 참몰개, 블루길, 붕어, 징거미새우 등이 채집되었으며 특히 돌고기가 우점종을 이루고 있고, 대곡댐 하류 지역인 천전리 각석 지역에서는 피라미, 갈겨니, 참몰개, 배스, 붕어 등이 채집되었다. 또한 천전리 각석 주변에는 효정원 앞 교량공사로 인한 흙탕물이 주변을 오염시키고 있었다.

(4) 구늪숲

태화강 본류와 작천천이 만나는 합수부로 건천화된 하천구역에 상당한 유지용지가 확보되어 있었다. 반면에 금강암면과 언양지역에서 유입되는 생활하수로 인해 수질 상태는 매우 불량하며 수중보 상류는 각종 유기물로 인한 부영양화와 녹조 현상이 이따금 일어나고 있는 지역이다.

최근 진행된 24호선 국도 개설로 인해 하천생태계에 악영향의 요소가 있었으나, 차츰 회복되어 가는 상황. 하지만 아직도 거머리와 다슬기 등 하천 바닥은 2급수로 보기에는 상당히 불량한 편. 버들치, 갈겨니, 피라미, 밀어, 꺽지 등이 보인다.

(5) 대암댐 상류

최상류지역인 보은리에서는 부근의 축사 영향으로 인해서인지 수질이 그렇게 좋아 보이진 않고 왕종개, 미꾸라지, 동사리, 붕어, 버들치, 점몰개, 붕어, 민물새우, 밀어 등이 발견되었으며 다슬기, 물달팽이, 소금쟁이, 거머리도 상당수 발견되었다.

그 아래쪽에 위치한 금곡마을 입구에는 손두부가 유명하다. 마을입구에서 야유회를 나온 일행 두세 팀이 투망을 하고 있어 잡힌 물고기를 살펴본 결과, 주로 피라미와 점몰개, 동사리가 주종을 이루고 있었으며 그외 갈겨니, 왕종개, 참몰개, 버들치, 붕어 등이 관찰되었다. 현재 금곡마을 입구에는 고속철도 현장사무실과 함께 터널공사가 한창이다.

그 다음 부락인 왕방마을 입구에 있는 다리 부근은 물살이 상당히 급한 곳이다. 수량도 많고 유속이 빨라 여울이 형성되는 지점에서 피라미와 갈겨니가 주종을 이루고 있었다. 채집된 어류는 피라미, 갈겨니, 왕종개, 참몰개, 민물검정망둑, 밀어, 민물새우, 물달팽이, 붕어, 버들치 등이고, 투망으로는 주로 피라미가, 족대로는 대부분, 밀어와 왕종개가 많이 잡혔다. 황소개구리는 채집하지 못하였으나, 부근에서 들리는 황소개구리의 울음소리로 그 일대에 살고 있음을 알 수 있었다. 주변 지역에 축사가 있어서인지 하천바닥에는 상당한 유기물이 깔려 있어 다소 수질이 좋지 않은 편이었다.

대암댐 바로 상류에 위치한 삼동초등학교 일원은 지난해에도 탐사를 진행했던 곳으로 대암댐 상류 지역 하잠마을로 들어가는 입구 다리 아래에서 주말이면 물고기를 잡으러 사람들이 많이 오는 지역이다. 피라미와 참몰개가 주종을 이루고 있었다.

대암댐에서 문수사로 가는 고갯마루를 넘어 관음저수지에서는 납지리, 민물검정망둑, 밀어, 참몰개, 배스, 붕어, 큰납지리, 왕종개, 참붕어, 민물새우, 황소개구리 등이 발견되었다. 문수산으로 통하는 상류 지역인 이곳에서 배스가 발견되었다는 것은 이해하기 힘든 일로 받아들여진다.

    대암댐으로 연결되는 대암교와 댐 아래 지역에서는 붕어, 메기, 향어, 왕종개, 피라미, 동사리, 밀어, 꺽지, 참몰개, 갈겨니, 민물검정망둑 등 11종의 어류와 새우, 황소개구리 등이 발견되었다. 언양 하류 지역이기도 한 이 지역은 주변 풍경과 함께 그나마 생물종의 다양성이 확보되고 있는 지역으로 보인다. 특히 낚시꾼들에 의해 향어가 잡혔는데 이것은 대암댐에서 넘어온 것으로 추정되며 그 길이는 약 50㎝ 정도로 되어 보인다.

(6) 태화천 일대

    이 지점은 유량이 풍부하며 수려한 산야를 끼고 구비쳐 흐르는 곳으로 인근의 동양나일론(TN)에서 배출하는 공장폐수가 소류지에 모였다가 하천으로 방류되는데 주변에 별다른 오염원이 없기 때문에 물의 자정작용이 활발하게 진행되는 곳이기는 하나, 24호선 신설국도가 강줄기를 따라 바로 소류지 위를 지나가기 때문에 다양한 어종이 서식하고 있는 소류지가 상당 부분 매몰되어 생태환경 훼손이 부분적으로 심하고 소류지 위쪽에 있던 다묵장어 서식지는 이미 흙으로 매몰되어 옛 모습을 찾아볼 수 없게 되어서 무척 안타까운 마음이 들었다. 본류의 강바닥은 생활하수의 오물과 함께 실려 온 많은 토사가 깔려 있어서 뻘밭으로 변한 까닭에 강변에서 자라던 수초는 이미 많이 사라져 물풀에서 서식하는 각시붕어나 큰납지리 등은 찾아볼 수 없었으며 흐르는 윗물은 그런대로 맑아 2~3급수 어종인 피라미가 주종을 이루고 있고 그외 갈겨니, 점몰개, 블루길, 붕어, 잉어, 왕종개 등의 어종이 관찰되었다.

(7) 반천 무동교 일대

반천 현대아파트 아래와 반천교 아랫지역에서는 꺽지, 배스, 피라미, 밀어, 참몰개, 큰납지리, 붕어가 발견되었다. 이곳 반천에서부터는 생활하수가 집중적으로 하천으로 유입되는 지역이다.

반천에서 조금 아래쪽에 위치한 무동교 아래에는 수중보가 설치되어 있는데 그 낙차는 상당히 큰 편이다. 이 지역에서는 수질이 비교적 양호하였으며 동사리, 참몰개, 갈겨니, 붕어, 피라미, 밀어, 미꾸라지, 꺽지, 새우 등이 발견되었고 특히 저녁 7시 이후에 진행한 야간 탐사에서는 주로 꺽지가 많이 채집되었으며 그외 동사리, 밀어, 피라미, 참몰개, 갈겨니가 잡혀 올라왔다.

(8) 울주 망성교 주변

태화천의 물이 대암댐에서 방류된 물과 합류한 후 반천 현대아파트 앞을 지나면서 아파트 단지에서 배출되는 생활하수로 다소 오염되기는 하나 사연댐 아래를 지나 북쪽으로 흐르면서 특별한 오염원이 없는 까닭에 자정작용이 제대로 진행되어 수질은 비교적 양호한 수준이다. 치리, 피라미, 갈겨니, 점몰개, 동사리, 검정망둑 등이 그 일대에 서식하고 있다.

(9) 선바위 일대

　탐사 시점이 피서철인 관계로 선바위 일대에 피서 나온 행락객들이 대단히 많고 수중보 아래위에서 어로행위와 수영하는 사람들도 상당하여 생태 탐사에 어려움이 많았다. 이 지역에서는 동사리, 꺽지, 밀어, 다슬기, 거머리 등이 발견되었고 마침 갈수기라 물가 주변에는 녹조류가 상당량 번식하고 있었으며 수질적인 측면도 3급수 이하로 추정되었으나 이후 큰 비가 온 다음 가서 보니 물이 많이 맑아져 있었다.

　2차 탐사에서는 주로 꺽지가 많이 채집되었으며 동사리, 밀어, 피라미, 참몰개, 왕종개, 새우, 다슬기 등이 발견되었다.

(10) 범서 구영리 일원

　이곳은 선바위 지역보다 다양한 민물고기가 발견되는 곳이다. 대신 구영리와 천상지구에서 유입되는 생활하수로 인해 바닥이 상당히 오염되어 있으며, 악취까지 나는 곳도 있었다. 점촌교 아래 지역에서 백천교까지 조사하면서 특이한 것은 지금까지 발견된 왕종개는 발견되지 않고 기름종개가 집중적으로 서식하는 곳임을 확인했다. 또한 말조개와 재첩이 많으며, 담치 비슷한 것도 많이 발견되었다.

탐사 결과 동사리, 피라미, 참몰개, 꺽지, 밀어, 민물검정망둑, 배스, 붕어, 기름종개, 납지리, 거머리, 재첩, 황소개구리, 말조개, 다슬기 새우 등이 발견되었다.

(11) 척과천 일대

척과천의 상류에 속하는 반용리에서는 버들치, 갈겨니, 피라미, 새우, 점몰개, 밀어, 돌고기 등 7종의 어류와 도룡뇽이 발견되었다. 수온이 낮아서인지 특히 돌고기가 많이 발견되었다. 그 아래 척과천의 합수지점인 척과리에서는 주로 갈겨니, 피라미, 점몰개, 참몰개, 미꾸라지, 민물검정망둑, 밀어, 왕종개, 버들치, 자가사리 등의 어류가 채집되었다.

(12) 삼호교 일대

태화강의 하류 지역인 삼호교 일대는 하천 지형이 다양하고 유량이 풍부하여 본 하천에서 가장 풍부한 어종이 서식하는 곳이라 할 수 있다. 생활하수의 유입으로 수질은 3급수 정도에 그치며 녹조도 많이 끼어 있는 편이나 물고기의 먹이가 비교적 풍부하여 다양한 어종이 살고 있는 곳이다. 외래종인 배스가 특히 많이 보이며 블루길, 밀어, 참붕어, 참몰개, 누치, 검정망둑, 밀어, 숭어 끄리, 납지리, 큰납지리, 피라미, 갈겨니, 기름종개, 동사리, 붕어, 메기, 가물치, 동자개, 기름종개 등이 채집 또는 확인되었다.

(13) 동천강 상류

　동천강 상류에 속하는 곳으로 울산공항을 좌측으로 하고 흐르는 창평천 아래쪽을 탐사한 결과 이곳에서는 피라미, 버들치, 붕어, 모래무지, 점몰개와 황소개구리 올챙이 등이 발견되었는데 특히 유량이 많아서인지 은어가 소수 살고 있었다.

　그 아래 위치한 동천교 주변은 수질이 상당히 좋은 편이고 좀 더 아래 위치한 약사천에선 악취 나는 생활하수를 동천으로 유입시켜 강을 계속 오염시키고 있지만 동천강의 모래와 자갈로 인해 자정작용이 매우 잘 일어나고 있어 양호한 수질을 유지시키고 있었다. 이곳의 모래와 자갈은 뛰어난 오수 정화 기능을 갖고 있는 셈이다. 이곳에서는 버들치, 납지리, 문절망둑, 붕어, 송사리 등 5종이 발견되었다.

　동천강과 태화강이 만나는 합수 지점에서는 숭어만 계속해서 채집된다. 떼를 지어 다니는 숭어 떼 위로 투망을 던지면 좁은 투망 그물을 뚫고 어린 숭어들이 튀어나온다. 하천 한가운데에도 수심이 생각보다 그리 깊지는 않고, 수질은 상당히 탁해 보인다. 현재 이곳은 동천 하도정비 및 하천준설공사가 진행 중이라 강변 갈대밭이 일부 제거되고 있어 어류의 서식처로나 겨울철새의 도래지로서 얼마나 좋지 않은 영향을 줄지 심히 염려스럽기도 하다.

(14) 태화강 하류 (명촌교 일대)

태화강이 바다로 흘러드는 지점이다. 명촌교에서 하구쪽으로는 하수방류장, 대한알루미늄, 현대자동차, 현대미포조선 등이 양쪽에 줄지어 늘어서 있고 다리에서 시내쪽으로는 경주방면에서 흘러드는 동천이 태화강과 합류하고 있는데 동천 상류쪽에 대단위 주거단지가 들어서면서 오염된 생활하수가 유입되고 있어서 동천의 수질이 많이 떨어진 탓에 이 지점의 수질도 결코 좋을 리 없지만 그래도 그 주변이 자연하천으로서 많은 철새들이 둥지를 틀고 강의 양안에 갈대숲이 무성하여 강물을 지속적으로 정화시키며 또한 바닷물이 유입되어 희석되는 까닭에 현재로서는 수질이 갑작스럽게 나빠지는 일은 없을 듯하다. 이곳에서 현재 진행 중인 하천준설공사 및 하도정비공사도 생태 환경을 최대한 배려하고 있다고 하나 염려되는 바가 없지는 않다. 이곳에서는 기수성 어종인 숭어, 뱀장어, 문절망둑을 비롯하여 밀어, 붕어 등이 발견되었다.

4. 태화강 수계의 대표적 담수어종 목록

(1) 버들치

몸길이 8~15cm 내외, 몸은 길고 원통형에 가깝다. 등지느러미는 배지느러미보다 뒤에서 시작되고 꼬리지느러미는 얕게 갈라진다. 몸의 바탕은 누런 색깔이고 몸 양 옆의 등쪽에는 짙은 갈색의 작은 반점들이 많이 흩어져 있다. 산 속 계류의 맑고 찬 1급수에서 살며 물의 각 층을 활발히 헤엄친다. 잡식성으로 갑각류, 패류, 실지렁이, 수서곤충, 바위에 붙은 미생물, 배합 사료, 식물의 씨나 잎, 줄기 등 거의 모든 유기물을 먹는다. 산란기는 5~6월이고 물이 느리게 흐르는 여울에 산란한다.

(2) 갈겨니

몸길이 10~15cm이며 둥글납작하고 긴 편이다. 눈은 검고 특히 크며 몸의 양옆으로 자주빛의 가로띠를 갖는 점이 특이하다. 1~2급수에 사는 대표적 어종으로 하천의 중·상류지역에 살며 3급수에서는 살지 못하므로 피라미에 비해 적응력이 떨어진다. 수서곤충을 주로 잡아 먹으며 산란 시기는 6~8월경으로 깨끗한 물이 완만하게 흐르고 바닥에 모래나 자갈이 깔린 여울이 적당한 산란 장소가 된다. 노랑 또는 주황빛의 혼인색을 갖는다.

(3) 피라미

몸길이 10~15cm이며 옆으로 납작하고 긴 편이다. 갈겨니와 비슷하나 눈은 붉은빛이며 몸의 양 옆은 엷은 홍색의 세로무늬를 갖는다. 주로 수질 등급이 2~3급수인 하천의 중류나 하류 수역의 여울에 살며 수서곤충의 애벌레나 돌에 붙은 미생물을 주로 잡아먹는다. 6~8월경이 되면 산란하는데 이때 수컷은 화려한 혼인색으로 몸치장을 하여 그 빛깔이 매우 아름답다. 물살이 느리며 바닥에 자갈이나 모래가 깔린 곳으로 수심이 5-10cm 정도인 곳을 산란 장소로 택한다.

(4) 붕어

몸길이 5~20cm이며 체형도 길이에 비해 폭이 넓고 입수염이 없다. 호수나 늪, 저수지, 농수로, 하천 등지의 주로 고인 물에 많이 산다. 잡식성이라 갑각류, 패류, 실지렁이, 수서곤충, 식물의 씨앗이나 잎, 줄기 등 거의 모든 유기물을 잘 먹는다. 3급수의 물에서 주로 살며 환경에 대한 적응력이 매우 강하다. 산란 시기는 4~7월이지만 대개 5월 중에 알을 낳는다. 온도 18℃ 정도인 얕은 물에서 물풀의 잎이나 줄기 등에 알을 낳아 붙인다.

(5) 검정망둑

몸길이 7~10cm이며 13cm 크기인 개체도 있다. 몸은 원통형이며 길고 뒤쪽으로 갈수록 옆으로 납작하다. 배지느러미의 빨판은 가슴지느러미의 배쪽에 있으며 모양은 둥굴다. 강의 하류나 조수가 드나드는 호수, 늪, 해안지대 등지에서 산다. 돌에 붙은 미생물이나 수서곤충 또는 치어 등을 잡아먹고 산다. 산란 시기는 5~8월경으로 수컷이 돌 밑에 산란장을 만들고 암컷을 맞이하여 돌 밑에 외겹으로 알을 붙여 낳게 한다.

(6) 밀어

몸길이 6~8cm 내외이고 몸은 원통형이고 길며 뒷부분은 옆으로 조금 납작하다. 입은 큰 편이고 뺨근육이 발달하여 툭 불거져 나왔다. 두 눈 앞에서 윗입술 쪽으로 빨간 띠가 보인다. 밀어는 배지느러미가 빨판으로 되어 있어서 강바닥의 자갈에 잘 달라붙는다. 하천, 호수, 늪 등 비교적 물이 맑고 바닥에 자갈이나 모래가 깔려있는 곳에 산다. 돌에 붙은 미생물을 주식으로 하지만 수서곤충도 잡아먹는다. 산란 시기는 5~8월이다. 돌 밑에 외겹으로 붙이고 수컷이 그것을 지킨다. 수정된 알은 수온 20~22℃에서 3~4일이면 부화하고 갓 부화한 새끼는 바다로 내려가 플랑크톤을 먹고 살다가 몸길이가 1cm 정도 자라면 하천의 상류로 이동하기 시작한다.

(7) 왕종개

몸길이 10~15cm이며 체형이 길고 머리와 함께 옆으로 둥글납작하다. 입수염은 세쌍이고 몸의 양쪽 옆면 중앙부에는 짙은 갈색의 긴 삼각형 가로 무늬가 10~13개 정도 거의 같은 간격으로 늘어서 있다. 하천의 중·상류지역에서 물살이 비교적 빠르고 바닥에 자갈이 깔려있는 곳에 산다. 잡식성이지만 주로 수서곤충을 잡아먹는다. 산란 시기는 6~8월이며 소백산맥과 노령산맥 이남에 분포하는 우리나라 특산종이다.

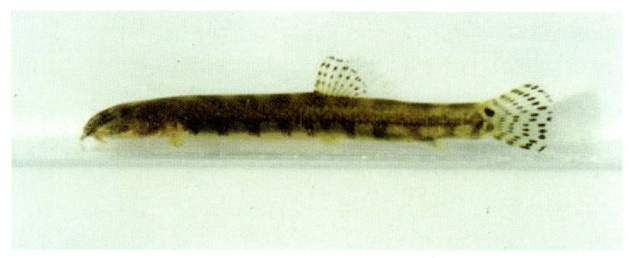

(8) 동사리

몸길이 10~15cm. 몸은 길고 앞 부분은 단면이 원통형이나 뒤로 갈수록 옆으로 납작해져 꼬리자루는 납작하다. 머리는 위아래로 몹시 납작하고 크고 아래턱 주둥이는 위턱보다 약간 앞으로 돌출되었다. 하천 중류와 상류의 유속이 완만하며 모래나 자갈이 많은 곳에 서식한다. 육식성으로 대형 수서곤충, 게, 새우, 어류 등을 주로 먹는다. 산란은 봄에서 초여름 사이에 행해진다. 돌의 밑면에 자루가 달린 알을 1층으로 붙인다. 산란과 방정이 끝나면 수컷이 그것을 지킨다. 한국특산종이다.

(9) 꺽지

몸길이 15~20cm 내외로 몸은 붕어처럼 옆으로 납작하고 체고가 높다. 아가미덮개의 뒤 끝 등쪽에는 눈과 비슷한 모양의 청록색 무늬가 있어서 매우 특징적이다. 하천 상류 지역의 물이 맑은 곳에서 살며 돌 밑에 잘 숨는다. 육식성으로 갑각류, 수서곤충 등을 잘 먹는다. 산란 시기는 5~6월이고 적정 온도는 18~28℃이며 부화는 20℃에서 2주일이면 부화한다. 산란기에 '구구, 구구'하는 소리를 내어 '구구리' 또는 '꾸구리'라는 방언까지 있다. 우리나라 하천 어디에서나 거의 고르게 퍼져 있다. 한국 특산종이다.

(10) 참몰개

몸길이 8~10cm, 몸은 옆으로 약간 납작하며 눈은 크고 입가의 입수염은 1쌍으로 길어서 눈동자의 지름보다도 길다. 하천이나 호소의 수심이 얕고 수초가 많은 곳에 서식한다. 여러 마리가 떼를 지어 물의 표층이나 중층을 민첩하게 헤엄친다. 잡식성으로 동물 사체의 조각이나 수서곤충, 식물의 씨 등 닥치는 대로 잘 먹는다. 산란기는 6~8월이다. 9~10월에는 전장 15~50mm 정도의 새끼를 볼 수 있다. 수질 오염에 대한 내성이 매우 강하다. 우리나라 특산종이다.

(11) 점몰개

몸길이 5~7cm로서 몸은 약간 옆으로 납작하지만 원통형에 가깝다. 옆줄의 등 쪽에는 6~12개의 암갈색의 작고 둥근 반점이 세로줄을 형성한다. 하천 중류의 모래와 자갈이 깔린 바닥 위에 서식하고 주로 조류를 섭식하는 소형어이다. 서식지가 극히 제한되어 있으므로 서식 환경의 보존을 위한 대책이 시급히 강구되어야 한다. 특히 동해안의 개발에 따른 피해가 크게 우려된다. 동해 남부 연안으로 유입되는 영덕 오십천, 송천천, 축산천, 태화강 및 회야강 등에서 발견된다. 1984년 신종으로 보고된 한국 특산종이다.

(12) 큰입배스 (큰입우럭)

몸길이 40~50cm, 무게 1~2kg 정도 되며 성질이 사나운 북미산 육식성 어종으로 블루길과 함께 우리나라 하천 생태계를 위협하는 '민물의 폭군'이라는 별명을 갖고 있다. 힘도 좋고 고기맛도 괜찮은 편이라 최근 낚시어종으로서도 인기가 높다. 물이 깨끗하고 조용한 곳을 좋아하고 담수에는 물론 기수에서도 염분 5% 이내에서는 서식이 가능하며 한여름과 겨울에는 100여 마리 정도씩 군집으로 깊은 곳에서 휴식하고 봄이 되면 흩어져 생활한다. 육식성으로 어릴 때에는 새우, 우렁 등을 먹고, 성어가 되면 피라미, 붕어, 은어, 빙어, 올챙이, 블루길, 조개, 고동류 등을 잡아먹으며 먹이가 없을 경우에는 동료도 잡아 먹는다. 산란기는 5~7월(수온17~25℃) 모래와 자갈이 섞인 곳이나 자갈이 있는 바닥에 직경 30~40cm, 깊이 10cm 정도 파서 산란하는데 때로는 수초 또는 침수된 나무에 산란하기도 한다. 알은 20~22℃에서 5~6일 내에 부화가 된다. 식용은 물론 낚시자원으로 이용가치가 있다.

(13) 블루길 (파랑볼우럭)

　　본 어종은 1960년대에서 70년대에 걸쳐 수산청에서 어자원 확보를 목적으로 도입한 북미원산의 외래어종으로서 몸길이 10~15cm이며 그 이상의 개체도 간혹 보인다. 몸은 붕어처럼 옆으로 납작하고 상하의 폭이 커서 전체적으로 계란형이다. 호수나 연못 또는 하천의 고인 물에서 수심이 얕고 물풀이 많은 곳에 주로 산다. 식성이나 적응력이 매우 강하여 수서곤충이나 갑각류 등은 물론이고 토착어종의 알이나 치어 등을 무차별적으로 포식하는 까닭에 하천 생태계를 위협하는 중대 요소가 될 뿐 아니라 동물성 플랑크톤까지 대량 포식함으로써 식물성 플랑크톤의 수를 급증시켜 강물의 부영양화를 촉진시키는, 수질오염의 주범이기도 한 경계어종이다. 특히 중부지방에선 그 위세가 대단하여 소양호나 팔당호 등지에서는 이미 최우점종으로서의 자리를 굳히고 있는 실정에 있다. 산란 시기는 6~7월경으로 바닥이 자갈이나 모래인 곳에 알을 낳으며 수컷이 그 주변을 지키는 부성애를 갖고 있기도 하다. 고기 맛은 별로 없으나 힘이 좋아 낚시어종으로서는 인기가 있고 몸빛깔도 그럴듯하여 관상 가치도 있는 편이다.

5. 결론 및 전망

　이상의 조사 결과를 종합해 볼 때 태화강의 수질은 예전에 비해 그렇게 나아진 점이 별로 없어 보인다. 대단위 농공단지와 축산단지, 유흥음식점 등이 중·상류의 강변에 빼곡히 조성되면서 오염물질의 배출량이 증가되고 24호선 국도 확장공사로 인해 하천 전역이 파헤쳐져서 대량의 토사가 유출되어 생활하수의 오물과 함께 강바닥에 질퍽하게 퇴적이 된 것이 수질을 악화시킨 주요인으로 생각된다. 특히 몇 년 전까지만 해도 강의 중상류는 언양읍내를 제외하고는 강바닥까지 비교적 깨끗하였는데 이번 조사 때 보니 전과 달라 아쉬운 마음을 금할 수가 없었다. 수질오염 방지를 위한 오폐수 처리시설 등이 아직은 효율적으로 작동하지 않는 데에도 그 원인이 있겠지마는 개발과 환경보전을 균형있게 이끌지 못한 정부의 환경정책과 지방자치단체의 비능률적인 수질 보전 대책에서도 어느 정도 원인을 찾아볼 수 있겠다. 어종의 변화를 살펴보건대 90년대 후반에 본 하천에서 관찰되던 쌀미꾸리, 드렁허리, 각시붕어, 백조어, 치리, 살치 등 몇 종의 어종이 태화강 수계에서 거의 사라진 반면, 은어, 꺽지, 끄리 등 새로운 어종이 새로 나타난 것은 국도확장공사에 따른 하천 지형의 변화와 인구 밀집 지역에서의 생활오수 유입, 수량 부족에 의한 낙동강 물의 대량 유입 등에 의한 하천 생태 환경의 변화가 그 원인인 것으로 추정된다.

현재 공사가 진행 중인 24호선 국도 확장공사와 언양 하수 종말 처리장, 명촌교 일대 하상 준설 공사 등이 마무리되고 나면 수질은 더욱 개선되어 보다 다양한 어종이 서식할 수 있는 좋은 환경이 조성될 수 있을 것으로 보고 있는데 이번 행사를 계기로 울산시 관계부처 공무원들과 울산시민들의 「태화강 살리기」에 대한 환경 인식이 한층 높아질 것으로 기대하면서 나아가 『태화강의 수질 및 어족자원 보전을 위한 대안 및 전망』을 제시해 보고자 한다.

(1) 음식물 쓰레기 등을 철저히 분리 처리하고 합성세제 사용을 가급적 줄인다.

(2) 가능하면 부락별 중·소규모의 하수 처리장을 설치 운영한다.

(3) 상수원 보호 및 감시활동과 어류의 불법 남획 단속을 위해 환경감시요원을 항상 배치 운영한다.

(4) 엄정한 환경영향평가를 통해 유흥업소, 공장, 축사 등의 무분별한 오염원 난립을 억제한다.

(5) 오염물질의 배출업소를 지속적으로 감시 감독하며 평소에 계도활동을 강화한다.

(6) 태화강 십리대밭 등 강변 녹색지대를 생태조사와 더불어 잘 보전한다.

(7) 매년 정기적으로 태화강의 수질 및 생태를 조사하여 시민들에게 널리 홍보하여 항상 관심을 갖도록 한다.

(8) 하천을 직강 및 복개공사로 변조시키지 않고 자연형 하천 그대로 보전하는 방안을 강구한다.

(9) 샛강 살리기 시민운동을 부락별로 전개하여 태화강의 지류를 깨끗이 보전한다.

(10) 도심의 소하천도 가능하다면 자갈·모래 깔기 및 갈대심기, 곡류조성, 낙차시설공사 등을 통해 자연형 도심하천으로 조성한다.

(11) 초등학교에서부터 환경교육 프로그램을 개발·운영하여 어릴 적부터 환경에 대한 올바른 인식을 심어주도록 한다.

(12) 시민단체 등이 앞장을 서서 시민을 대상으로 환경교육 프로그램을 자주 개최하여 '환경은 곧 생명'이라는 환경의식을 갖도록 노력하며 이들의 활동이 지속적으로 이뤄질 수 있도록 행정당국에서도 행·재정적 지원을 아끼지 말아 주었으면 한다.

[참고 자료2] 2021 태화강 민물고기 탐사 및 시민 과학자 연수 보고서

2021 태화강 민물고기 탐사 및 시민 과학자 연수 보고서

2021. 7. 5

주관 : 울산광역시 생물다양성센터

2021 태화강 민물고기 탐사 및 시민 과학자 연수 보고서

보고서 작성 : 범서초등학교 조상제 교장

1. 탐사 연수 계획

☐ 목적

○ 생물다양성(어류) 교육을 통해 민물고기의 종류 및 특성을 분류할 수 있는 지식 함양 및 시민과학자(생물다양성 조사인력) 양성

○ '13년 울산시에서 발표한 태화강의 물고기(어류) 재탐사

○ 탐사를 통해 조사한 자료를 울산시 생물종 목록(DB) 구축에 활용

○ 탐사 전 이론연수와 태화강 현장탐사 시 연수를 동시에 실시함

☐ 연수 개요

○ 기 간 : 2021. 5. 22. ~ 6. 27.(교육횟수 9회)

○ 대 상 : 시민단체 종사자 및 일반시민

○ 인 원 : 20명 내외

○ 모집방법 : 울산광역시 생물다양성센터 홈페이지에서 접수 또는 전화접수 (052-259-2650)

○ 수료 : 70% 이상 교육이수자(7회 이상)에 한하여 수료증 발급

○ 주최/주관 (후원) : 울산광역시 생물다양성센터 (울산광역시)

□ 추진 계획

날짜	장소	시간	교육 내용	비고(강사)
5.22.	울산대 114호	09:00~10:00	-태화강 서식 물고기 종류 이해 등	조상제 (범서초 교장)
		10:00~13:00	-내수면의 이해 -지역별 민물고기 및 우리나라 고유종 이해 등	송하윤 (중앙내수면연구소)
6. 5.	작천	09:00~11:00	-갈겨니와 참갈겨니 서식 확인	조상제 (범서초 교장) 문정희*⁾
6. 6.	보은	09:00~11:00	-꼬치동자개, 동자개 및 눈동자개 서식 확인 -쌀미꾸리 서식을 확인	문호성 (울산강살리기 네트워크 대표) 이종택*⁾
6.12.	척과	09:00~11:00	-흰줄납줄개, 송사리, 대륙송사리, 동방종개, 각시붕어, 점몰개, 몰개 등의 서식 확인	조상제 (범서초 교장) 이종술*⁾
6.13.	반천	09:00~11:00	-몰개, 참몰개, 긴몰개, 돌마자, 참붕어 등의 서식 확인	문호성 (울산강살리기 네트워크 대표) 한동주*⁾
6.19.	동천	09:00~11:00	-모래무지, 쌀미꾸리, 은어 등의 서식 확인	조형빈 (부산대 교수)
6.20.	국수천 (망성)	09:00~11:00	-금강모치 서식 확인 ('16. 8. 한국환경생태학회 국수천에서 금강무치 발견)	조상제 (범서초 교장) 이명길*⁾
6.26.	무동	09:00~11:00	-납자루, 납지리, 큰납지리, 떡붕어의 서식 확인	문호성 (울산강살리기 네트워크 대표) 이종택[2]
6.27.	삼호 가수지역	09:00~11:00	-바다빙어, 알롱횟대, 주둥치, 농어 등 바닷물고기 확인	조상제 (범서초 교장) 김성수*⁾

※ 우천시 취소, 강사진 등 상기 일정은 변동될 수 있음
  비고*) 실습강사(보조자)

☐ 기대효과

O 태화강에 서식하는 어류 종 조사를 통해 자연환경과 생물다양성에 대한 시민의식 제고(생물종에 대한 관심과 중요성 체감)

O 교육을 통해 습득한 지식을 토대로 향후 센터에서 진행 예정인 시민생물학자 활동과 연계 활용 가능

2. 이번 탐사 연수에 참석한 사람

<민물고기탐사 시민과학자 양성교육 교육생 명단>

팀장	A조	B조
	조상제	문호성
1	김경숙	김순희
2	김재순	김정숙
3	성채윤	김지윤
4	신상섭	박순애
5	문정희	박재련
6	신총명	이명숙
7	엄옥희	이봉춘
8	정숙임	이재동
9	정순일	이현숙
10	이명길	정인섭
11	이종택	한동주

<강사님 명단>

1. 송하윤 박사 (중앙내수면연구소)
2. 조상제 교장 (범서초등학교)
3. 문호성 대표 (강살리기 네트워크)
4. 조형빈 교수 (부산대학교)

3. 태화강 민물고기 탐사 연수의 실제

2021년 5월 22일 드디어 시민과학자 양성교육이 시작되었다. 울산시 생물다양성 조사인력 양성과 생물종 데이터베이스 구축을 위해서다. 코로나 시국이라 연수생을 20명 내외로 제한했다. 그러나 연수생들의 태화강 민물고기 연수에 대한 열정은 대단했다.

가. 이론 연수

22일(토)은 이론 연수다. 센터에서 1차시는 '태화강에 서식하는 물고기의 이해'에 대해 필자가 연수를 진행했다. 주요 내용은 역사 속에 존재하는 태화강의 물고기와 언론 매체에 나타나는 확인되지 않은 물고기들을 소개하고, 2013년 시에서 발표한 태화강의 물고기 종과 필자가 지난 10여 년간 태화강을 탐사하면서 발견되었던 종과의 비교 설명이 있었다.

2차시는 중앙내수면연구소 송하윤 박사님의 연수가 있었다. 내용은 '내수면의 이해와 지역별 민물고기 및 우리나라 고유종에 대한 이해'였다.

6월 5일(토)부터는 현장체험연수가 시작되었다. 연수인원이 20명이 넘어 탐사팀을 A조와 B조로 나누었다. A조는 조장을 필자가 맡고, B조 조장은 울산강살리기네트워크 문호성 대표가 맡았다. 각조의 연수생에게는 각자의 역할이 부여되었다. 투망치는 사람과 보조, 그리고 족대는 2팀으로 각각 4명씩, 그리고 사진 찍는 사람, 기록하는 사람 등.

나. 미유기 발견(6월 5일 작괘천과 상북 산전교 주변 탐사)

　　6월 5일 연수 첫날 작괘천((酌掛川)을 찾았다. 작천정 별빛 야영장 주차장에서 만나 서로 인사를 나누고 A조는 작괘천을, B조는 이번 탐사지점에서 빠진 상북면 산전교 주변을 탐사하기로 했다. 먼저 오늘 탐사를 위해 어제 놓은 통발을 거두었다. 뜻밖이다. 통발 속에 한 마리의 물고기도 없다. 5개의 통발을 놓았는데. 아차 실수다. 어제 통발 미끼를 만들 때 된장을 보니 마트에서 파는 것이었다. 물고기는 방부제를 너무너무 싫어한다. 사람은 방부제 냄새를 잘 못 맡아도 물고기는 근방에만 와도 방부제를 알아챈다. 십수 년 전 아내와 파래소 폭포를 찾았었다. 소(沼) 주변에 앉아 점심을 먹으면서 보니 소 안에는 버들치가 많다. 김밥과 빵 조각을 던지니 김밥에는 새까맣게 무리 지어 버들치가 모이는데 빵조각은 쳐다보지도 않는다. 다음에는 집된장을 써야겠다.

　　잠시 후 투망팀에서 갈겨니와 돌고기를 채집했다. 갈겨니를 보니 가슴지느러미에 붉은 선이 없다. 혹시 그냥 갈겨니 아니야? 그러나 자세히 보니 그냥 갈겨니가 아니라 참갈겨니NE형이다. 낙동강 동쪽 수계에 주로 산다는. 주변 경관은 참으로 수려하다. 맑은 물과 넓은 바위들 그리고 푸른 소나무. 고려말의 충신 정몽주가 요도에 유배와 이곳을 자주 찾은 이유를 알겠다. 물이 맑아서인지 물고기가 그렇게 많지 않다. 산전교로 간 문호성 대표에게 전화를 했다. 그곳 통발에선 미유기, 꺽지, 돌고기 등이 나왔다고 한다. 미유기를 태화강에서 직접 잡아 사진을 찍은 것은 이번이 처음이라며 몹시 흥분된 목소리다. 탐사를 접기에는 너무 아쉬워 신불산 바로 앞자락까지 올라갔다. 이곳은 물이 거울처럼 맑다.

 투망을 던지니 왕종개와 참갈겨니다. 이곳 역시 참갈겨니NE형이다. 연수는 물고기를 잡고 물고기 사진을 찍을 때 물고기를 직접 보면서 현장 연수를 실시한다.

 작괘천에서 발견된 물고기는 참갈겨니, 돌고기, 왕종개이고 상북 산전교 아래에서는 미유기, 꺽지, 돌고기 등이다.

 연수생들을 보내고 이종택 대표, 문정희 대원과 함께 삼동 보은천에 통발을 던지고 첫날의 탐사를 마무리했다.

다. 꼬치동자개는 나타나지 않아(6월 6일 보은천 탐사)

 6월 6일(일) 현장체험연수 이튿날은 보은천(寶隱川)이다. 보은천은 보물을 숨긴 하천이란 뜻이다. A조는 왕방교(旺芳橋) 위쪽에서 B조는 왕방교 아래쪽에서 물고기 조사와 연수를 시작했다. 보은천은 낙동강 물이 유입되는 대암댐 상류에 있는 태화강의 제2류 하천으로 태화강 물고기 조사에서 가장 주목하는 하천이다. 왜냐하면 낙동강에서 유입되는 물을 따라 언제든지 낙동강에 서식하는 물고기가 태화강으로 이입될 수 있는 가능성이 있기 때문이다. 실제로 태화강에서 발견되지 않던 물고기 중 끄리와 꺽지가 2004년 조사에서, 수수미꾸리와 꼬치동자개가 2009년 조사에서, 납자루가 2013년 조사에서 발견되었다. 이 물고기들은 낙동강 물을 따라 태화강으로 이입된 것으로 보인다.

 특히 2009년 6월 25일에는 전 세계에서 낙동강 수계에만 사는 멸종위기야생동식물 1급이자 천연기념물 제455호인 꼬치동자개가 보은천에서 발견되어 큰 화제가 되었다. 문제는 끄리나 꺽지, 수수미꾸리 등은 낙동강에서 이입되어 태화강에 서식 범위를 넓히면서 잘 살아가고 있으나 꼬치동자개는 2009년 발견 이후 보은천에서는 물론이고 태화강 어디에서도 보이지 않는 것이다.

꼬치동자개 발견에 상금 10만원을 내걸었지만 수 년이 지난 지금도 깜깜무소식이다.

오늘은 직접 가슴장화를 입고 족대를 들고 보은천에 들어섰다. 적당한 여울과 정수역, 정수역 주변의 수초 등 꼬치동자개가 서식할만한 환경이다. 농번기도 끝나 물도 맑다. 피라미와 참갈겨니들이 침입자에 놀라 분주히 움직인다. 여울에 족대를 대고 돌들을 들추고 구정물을 일으킨다. 정수역 주변의 수초 주변에도 족대를 대고 발을 동동거리며 물고기를 쫓는다. 붕어, 꺽지, 민물검정망둑, 동사리, 왕종개, 미꾸리 등이 수도 없이 잡힌다. 참갈겨니도 NS형과 NE형이 동시에 잡히고 피라미 개체수도 많다. 가히 삼동면을 고루 적시는 보물의 하천답다. 그러나 정작 우리가 찾던 꼬치동자개는 보이지 않는다. 낙동강에서 유입될 수도 있는 눈동자개나 대농갱이도 없다.

왕방교 아래로 간 B조는 점몰개, 버들치, 참갈겨니, 배스, 민물검정망둑, 피라미, 참몰개, 누치를 찾았다. B조도 역시 꼬치동자개는 발견하지 못했다. 꼬치동자개는 야행성 어종으로 수질오염과 환경변화에 민감한 물고기다. 꼬치동자개가 태화강 안착에 실패했는지도 모른다. 계속해서 지켜봐야 할 일이다.

탐사의 마무리, 연수 시간이다. 보(洑) 주변에 연수생들이 함께 모여 잡은 물고기 사진도 찍고, 물고기 설명도 하고, 기록도 남긴다. 마지막으로 잡은 물고기들을 고이 강으로 돌려보내면 그날의 탐사와 연수는 마무리된다.

라. 수수미꾸리 태화강 중상류에 자리 잡아(6월 13일 반천리 탐사)

6월 12일(토)은 척과천에서 연수를 할 계획이었으나 우천으로 뒤로 미루고, 6월 13일(일) 태화강 중상류 반천 할매순대집 앞에 모여 A조는 대암교 주변을, B조는 반천현대아파트 주변을 조사하기로 했다. 오늘은 반갑게도 울산시 이상옥 환경복지위원장님이 격려차 연수에 참여했다. 울산생물다양성센터 발전을 위해 더 많은 지원을 해 주기를 바란다. 강물이 불어나 새로 생긴 물길에 족대를 드리웠으나 물고기는 없다. 원래 흐르던 큰 물길을 찾아 강 주변 물칭개나물과 물냉이가 자라는 수초 밑에 족대를 대고 발로 밟으면서 구정물을 일으키니 족대를 들 때마다 수수미꾸리가 몇 마리씩 올라온다. 수수미꾸리를 잡아 물통으로 옮기려던 연수생이 깜짝 놀라며 소리를 지른다. 수수미꾸리가 자신을 공격하는 연수생의 손을 안하극(眼下棘)으로 찌른 것이다. 안하극? 미꾸리과 물고기 중에 눈 밑에 있는 하나의 가시이다. 하나의 방어 무기인 셈. 여러분도 미꾸리과 물고기를 맨손으로 잡을 때 이 가시에 찔릴 수 있으니 조심해야 한다. 이제 수수미꾸리는 낙동강에서 이사와 완전한 태화강의 식구가 되었다. 선바위보 아래에서부터 태화강 중상류 어디에서든지 흔하게 볼 수 있는 물고기가 되었다.

이날 조사에서 또 하나의 큰 수확은 태화강 중류인 이곳에서 긴몰개가 확인된 것. 반천아파트 주변에서 참몰개는 흔하게 발견되지만 긴몰개를 대암교 아래에서 직접 확인하기는 이번이 처음이다.

대암교 아래에서 A조가 발견한 종은 동사리, 피라미, 참갈겨니NS형과 NE형, 꺽지, 긴몰개, 돌고기, 미꾸리, 수수미꾸리이고, B조가 발견한 종은 돌고기, 동사리, 참갈겨니, 꺽지, 피라미이다. 이곳에서는 전에 다묵장어가 발견된 곳인데 이번에는 발견하지 못했다.

마. 동천 하구는 꼬시래기와 모치의 천국(6월 19일 동천 하구 탐사)

　울산의 향토사학자 김석보 씨가 1979년에 쓴 '태화강 물고기에 대한 회상'에 이런 내용이 있다. '태화강에는 연어, 은어, 황어, 잉어, 붕어, 가물치, 메기, 장어, 모래무지, 모치, 새우, 꼬시락, 참게 등이 살고 들판에는 미꾸라지 논고동, 갈밭게가 살며 태화강 하류에는 재첩이 풍부하게 잡힌다.' 물론 이 글에 나오는 모치는 숭어 새끼를 이르는 말이고, 꼬시락은 꼬시래기로 문절망둑을 말한다. 참게는 울산 태화강의 명물인 동남참게를 말할 것이고, 갈밭게는 갈대밭에 서식하는 말똥게를 이르는 말일 것이다. 문제는 모래무지가 태화강에서 살고 있었다는 것. 지난 10여 년의 태화강 민물고기 탐사에서 모래무지가 발견된 적은 없다. 그렇다면 70년까지 태화강에 모래무지가 살다 사라졌거나 아니면 다른 물고기 종을 모래무지로 오해했을 수도 있다. 그리고 모래무지는 주로 모래톱에 사는 담수 어종으로 서식했다면 아마 태화강의 중상류일 것이다.

　동천 하구의 명촌쪽 둔치 주차장에 차를 대고 A조는 둔치 체육공원에서 동천교 방향으로, B조는 동천교 아래에서 물고기 탐사를 했다.

　이날은 부산대 조형빈 교수도 탐사에 함께 참여했다. 동천 하구는 넓게 펼쳐진 모래톱과 길게 늘어선 하중도들, 먹이를 노리고 물속을 기웃거리는 백로와 왜가리, 강 건너 늘어선 아파트 빌딩. 한 폭의 그림이다. 건너편 강둑에는 낚시꾼들이 여기저기서 시간을 낚고 있다. 6월 장마인지 비가 잦아 물길이 흐르는 강의 언저리가 깊다. 조형빈 교수가 투망을 던졌다. 문정희 씨도 투망을 던졌다. 수십, 수백 마리의 모치가 투망 가득하다. 이 친구들을 살려 주는데 손이 바쁘다. 족대를 물가 수초 밑에 대고 구정물을 일으키니 넣을 때마다 꼬시래기가 올라온다.

동천 하구의 우점종은 숭어 새끼와 꼬시래기라고 부르는 문절망둑이다. 숭어는 바다와 강 하구를 왔다 갔다 하는 왕복성 어류로 바닷물과 민물이 만나는 기수역에는 3년생까지도 들어와 산다. 4~5년 성장해 크기가 45㎝ 정도의 어미가 되면 바다로 나가 산란을 한다. 산란기는 수온 차이에 따라 해역 간 차이가 있지만 일반적으로 가을에서 겨울의 길목이다.

동천 하구 드넓은 모래톱에는 지난겨울 산란한 모치를 비롯해 2년생, 3년생까지 다양한 크기의 숭어 새끼들이 먹이활동을 하고 있다.

모치들 사이에는 3~4cm 크기의 황어와 누치 치어들도 노닐고 있다. 황어 치어들은 올봄 산란한 새끼들인데 이들은 강의 하구에서 먹이활동을 하다가 어느 정도 자라면 가을쯤 연안으로 내려가 어미들과 만나게 된다.

명촌 둔치 체육공원 위쪽에서 탐어 활동을 한 A조는 숭어(모치), 문절망둑, 누치, 황어 치어, 붕어, 징거미 등을 발견했고, 동천교 아래에서 탐사 활동을 벌인 B조는 누치, 붕어, 뱀장어, 미꾸리, 문절망둑, 숭어, 배스, 피라미 등을 발견했다. 발견하고자 했던 큰가시고기는 보이지 않았다.

바. 금강모치는 나타나지 않아(6월 20일 국수천과 망성교 아래 탐사)

'태화강에 분포하는 금강모치의 형태적 특징과 개체군 특징 조사'를 2014년 4월부터 2015년 4월까지 실시하였다. 태화강 상류 지역인 국수천(울산광역시 울주군 범서읍 망성리)이 금강모치(*Rhynchocypris kumgangensis*)의 새로운 서식지로 확인이 되었으며 또한 강릉 남대천 이남의 동해 남부로 유입되는 하천에서도 처음 발견되었다.' 2016년 한국환경생태학회지 30권 4호에 실린 내용이다. 이 학회지에 따르면 태화강 국수천에 금강모치가 있다는 이야기다. 2021년 6월 20일 (일) 9시 태화강 선바위 공원에 망성리 탐사를 위해 모였다. A조는 망성교 아래에서 탐사를 하고, B조는 아예 국수천 안으로 들어가 서사리로 넘어가는 다리 아래에서 탐사를 했다. 망성교 아래에선 붕어, 참몰개, 밀어, 수수미꾸리, 꺽지, 피라미, 누치, 배스 등이 발견되고, 국수천에서는 줄새우, 참붕어, 버들치, 동사리, 피라미, 참갈겨니 등이 발견되었으나 금강모치는 발견되지 않았다.

사. 납자루 터전 잡고 잘 살아(6월 26일 무동교(武洞橋) 아래 탐사)

A조는 무동교 아래에서, B조는 지난번 우천으로 연기된 척과천에서 탐사 및 연수를 진행했다. A조는 반천리로 빠져 무동마을로 들어가다 무동교 밑으로 들어가려 했으나 길이 막혀 있었다. 차를 멀찍이 대고 무동보 주변을 탐사했다. 반갑게도 2013년에 태화강에서 처음 발견된 납자루가 '난 아직도 여기서 잘살고 있어요'라며 모습을 나타냈다. 납자루와 함께 붕어, 잉어 치어도 터전을 잡고 수초 사이에서 살아가고 있었다. 지금까지 2004년 이후 낙동강에서 태화강으로 유입된 민물고기는 꺽지, 끄리, 수수미꾸리, 꼬치동자개, 납자루 등이다. 이번 탐사에서 꺽지, 수수미꾸리, 끄리, 납자루는 태화강에 정착해서 자손을 퍼뜨리며 잘살고 있는 것으로 확인됐다. 특히 꺽지와 수수미꾸리는 태화강

전 영역에서 발견됨으로써 태화강의 우점종으로 자리를 잡아가고 있다.

이곳 탐사에서의 또 다른 성과는 갈겨니의 발견이다. 최근 들어 태화강에 참갈겨니는 흔하게 발견되나 그냥 갈겨니는 잘 발견되지 않는다는 이야기가 있었다. 그러나 이날 농수로 밖으로 떨어지는 여울에서 조금은 검고 날씬해 보이는 갈겨니가 발견되어 태화강에 갈겨니가 잘 살고 있음을 보여주었다. 이날 무동보 주변에서 발견된 어종은 배스, 돌고기, 꺽지, 참몰개, 동사리, 참갈겨니NS형, 갈겨니, 납자루, 잉어, 붕어 등이다.

한편 B조는 척과천에서 탐사 활동을 했다. 탐사를 마치고 이날 발견된 어종이 카톡방에 올라왔다. 사진을 보는 순간 한 종개가 기왕종개라는 느낌이 확 들었다. 기왕종개? 기왕종개란 기름종개와 왕종개의 교잡종을 말하는데 아직 신종으로 발표는 되지 않았지만 편의상 기왕종개라고 부른다. 주로 낙동강에서 발견되는데 이번에 태화강에서는 처음으로 발견된 것이다. 척과천에서는 밀어, 돌고기, 잔가시고기, 민물검정망둑, 왕종개, 참갈겨니NS형, 버들치, 기왕종개 등이 발견되었다.

아. 참갈겨니가 다운동 징검다리에서(6월 27일 연수 마지막 날 탐사)

마지막 날 탐사는 A조는 다운동 징검다리, B조는 삼호 다리 밑에서 이루어졌다. 이곳은 잉어, 누치, 배스, 끄리, 블루길 등 비교적 덩치가 큰 물고기들이 우점종으로 서식하는 곳이다. 징검다리 아래쪽 수초에 족대를 대고 구정물을 일으키니 족대에는 배스 치어가 가득하고, 누치 치어들도 섞여 있다. 투망엔 다수의 은어와 피라미가 올라온다. 그리고 커다란 누치도 잡힌다. 망성교 아래에서 보이지 않던 은어가 이곳에서 먹이활동을 하고 있는 것이다. 은어와 함께 참갈겨니가 발견됐다. 은어와 참갈겨니는 1, 2급수에서 사는 종으로 주로 태화강의 지천이나 계류(溪流)에서 발견되는 종이다. 최근 잦은 비로 수량이 늘어난 것도 있지만 그만큼 태화강 물이 깨끗해졌다는 증표이다. 필자는 이제까지 선바위 아래에서 참갈겨니를 발견하기는 처음이다.

자리를 약간 옮겨 척과천과 태화강이 만나는 지점에서 탐사를 했다. 민물검정망둑이 무더기로 나오고 왕종개도 보인다. 그리고 버들치가 달뿌리풀 아래에서 줄줄이 나온다. 징검다리 아래에선 검정망둑과 민물검정망둑이 동시에 서식하는 것으로 보인다. 이곳에서 잡힌 망둑을 여러 전문가에게 동정을 구한 결과 척과천 쪽에서는 민물검정망둑이 주로 서식하고 징검다리 아래 여울의 돌 밑에서는 검정망둑이 서식하며 일부 지역에서는 두 종이 혼서(混棲)하는 것으로 보인다.

이날 이곳에서 발견된 물고기는 태화강 쪽에서는 피라미, 참몰개, 참갈겨니, 누치, 은어, 동사리, 블루길, 배스, 밀어, 검정망둑 등이고, 척과천 하구에서는 왕종개, 민물검정망둑, 버들치 등이 발견되었다. 삼호다리 아래에서 탐사한 B조는 붕어, 민물검정망둑, 숭어, 블루길, 배스, 누치 등을 발견했다.

4. 2021년 탐사 연수 시 발견된 태화강 수계 어류상

번호	종 명	과명	상북	작천	척과	국수천	무동	보은	반천	망성	다운동	삼호	동천	비 고
1	잉어	잉어과 잉어아과					●				●			
2	붕어	잉어과 잉어아과					●	●		●		●	●	
3	향어	잉어과 잉어아과									●			외래종
4	떡붕어	잉어과 잉어아과								●				외래종
5	피라미	잉어과 피라미아과				●	●	●	●	●	●		●	
6	갈겨니	잉어과 피라미아과					●							
7	참갈겨니ns	잉어과 피라미아과			●	●		●			●			한국고유종
8	참갈겨니ne	잉어과 피라미아과		●										한국고유종
9	끄리	잉어과 피라미아과									●			
10	누치	잉어과 모래무지아과					●			●	●	●	●	
11	돌고기	잉어과 모래무지아과	●	●	●		●	●						
12	점몰개	잉어과 모래무지아과				●			●					한국고유종
13	참몰개	잉어과 모래무지아과					●	●	●	●				한국고유종
14	몰개	잉어과 모래무지아과												한국고유종
15	긴몰개	잉어과 모래무지아과							●					한국고유종
16	참붕어	잉어과 모래무지아과				●								
17	돌마자	잉어과 모래무지아과												한국고유종
18	모래무지	잉어과 모래무지아과												
19	각시붕어	잉어과 납자루아과				●								한국고유종
20	납자루	잉어과 납자루아과					●							
21	납지리	잉어과 납자루아과					●							
22	큰납지리	잉어과 납자루아과								●				
23	흰줄납줄개	잉어과 납자루아과			●									
24	강준치	잉어과 강준치아과								●				
25	치리	잉어과 강준치아과								●				한국고유종
26	살치	잉어과 강준치아과								●				
27	뻑조어	잉어과 강준치아과										●		
28	황어	잉어과 황어아과											●	
29	버들치	잉어과 황어아과			●	●		●						
30	금강모치	잉어과 황어아과												
31	왕종개	잉어목 미꾸리과		●	●		●	●			●			한국고유종
32	기름종개	잉어목 미꾸리과			●									한국고유종
33	미꾸라지	잉어목 미꾸리과						●						
34	미꾸리	잉어목 미꾸리과			●			●	●			●		
35	수수미꾸리	잉어목 미꾸리과	●				●	●	●					한국고유종
36	기왕종개	잉어목 미꾸리과												
37	새코미꾸리	잉어목 미꾸리과												한국고유종
38	쌀미꾸리	잉어목 종개과												
39	꺽지	농어목 꺽지과	●				●	●		●				한국고유종
40	블루길	농어목 검정우럭과					●				●	●		외래종
	발견된 수	34종												

번호	종 명	과명	상북	작천	척과	국수천	무동	보은	반천	망성	다운동	삼호	동천	비 고
41	배스	농어목 검정우럭과					•			•		•	•	외래종
42	동사리	농어목 동사리과	•		•	•	•	•	•	•	•			한국고유종
43	버들붕어	농어목 버들붕어과												
44	가물치	농어목 가물치과									•			
45	밀어	농어목 망둑어과			•		•	•	•	•	•			
46	민물검정망둑	농어목 망둑어과			•		•	•			•			
47	검정망둑	농어목 망둑어과									•			
48	두줄망둑	농어목 망둑어과										•		
49	문절망둑	농어목 망둑어과										•		
50	갈문망둑	농어목 망둑어과									•			
51	풀망둑	농어목 망둑어과												
52	꾹저구	농어목 망둑어과												
53	메기	메기목 메기과								•				
54	미유기	메기목 메기과	•											한국고유종
55	동자개	메기목 동자개과						•						
56	꼬치동자개	메기목 동자개과												한국고유종
57	자가사리	메기목 퉁가리과			•									한국고유종
58	빙어	바다빙어목 바다빙어과												
59	은어	바다빙어목 바다빙어과									•			
60	뱀장어	뱀장어목 뱀장어과										•		
61	잔가시고기	큰가시고기과			•									한국고유종
62	큰가시고기	큰가시고기과												
63	다묵장어	칠성장어과												
64	숭어	숭어목 숭어과									•	•	•	
65	연어	연어목 연어과									•			
66	송사리	동갈치목 송사리과			•									
67	드렁허리	드렁허리과								•				
68	동방종개													
69	알롱횟대													
70	주둥치													
71	베도라치													
72	멸치													
73	웅어													
74	전어													
75	청어													
76	전갱이													
77	문치가자미													
78	농어													
79	바다빙어													
80														
발견된 수		20종												발견된 총수 54종

▶ 이번 탐사 연수 시 발견된 종 외 최근에 태화강에서 발견되는 종을 포함하였으며 2013년에 시에서 발표한 어종 중 바닷물고기는 제외하였음

5. 2021년 태화강 민물고기 탐사 연수의 성과

가. 태화강 민물고기 탐사 연수를 통해 연수생은 태화강의 생태환경을 이해하고 민물고기의 종류 및 특성을 이해하는 지식을 함양함으로써 향후 태화강 종다양성 조사인력으로 활동할 수 있게 되었다.

나. 한 달 동안 태화강 11개 지점에서 50여 종의 어류를 발견하고 사진을 찍었다.

다. 척과천에서는 기름종개와 왕종개의 자연교잡종으로 알려진 기왕종개가 울산에서는 처음으로 발견되었다. 그 밖에 태화강 반천에서도 긴몰개와 점몰개가 일부 교잡이 이루어진 종이 발견되기도 했다.

라. 작괘천과 보은천, 반천 등에서 참갈겨니NE형이 발견되었고, 참갈겨니NS형 또한 태화강 대부분의 중상류 지점에서 발견되었다. 특히 다운동 징검다리 주변에서 주로 1, 2급수에서 사는 참갈겨니NS형이 발견됨으로써 이 구역의 여울과 정수역의 수질이 최근 잦은 비와 함께 매우 호전되었다는 것을 알 수 있다.

마. 최근 태화강에서 참갈겨니와는 달리 잘 보이지 않던 갈겨니가 무동보 주변에서 발견되어 태화강에는 참갈겨니와 갈겨니가 혼서하고 있는 것이 확인되었다.

바. 2004년 이후 낙동강에서 대암댐으로 유입된 물을 따라 이입된 끄리, 꺽지, 수수미꾸리, 납자루, 꼬치동자개 중 끄리, 꺽지, 수수미꾸리, 납자루는 태화강에 뿌리를 내리고, 잘 번식하고 있는 것이 확인되었으나 꼬치동자개는 발견되지 않았다.

아. 아쉬운 점은 한 달이라는 탐사 연수 기간의 한정으로 대곡천, 보은천, 척과천 등의 중상류 지점이 이번 탐사지점에서 빠진 것과 태화강 하구 및 중상류 지점의 촘촘한 탐사를 하지 못한 것이다. 차후에 추가 탐사가 필요한 부분이다.

6. 2021년 태화강 민물고기 탐사 연수를 마치면서

　가. 2013년 시에서 발표한 태화강 민물고기 목록에 나와 있는 돌마자, 새코미꾸리, 꾹저구, 빙어, 큰가시고기, 대륙송사리 등은 발견하지 못했다. 뿐만 아니라 인터넷이나 문헌상에 태화강에 서식한다는 기록이 남아 있는 모래무지, 금강모치, 동방종개 등도 확인하지 못했다.

　나. 향후 울산시 생물다양성센터에서는 외부전문가, 지역전문가 등이 공동 참가하는 일 년에 걸친 세밀한 탐사가 요구되며 태화강 하구 탐사와 대암댐, 대곡댐, 사연댐 등 댐 내부에도 어떤 물고기가 살고 있는지 탐사가 이루어졌으면 한다.

　다. 태화강의 생태와 물고기를 좀 더 가까운 시민의 곁으로 가져가기 위해서는 해마다 정례적인 태화강 민물고기 탐사 연수가 이루어졌으면 한다.

　라. 탐사 기간 내내 강과 강 주변의 각종 생활 쓰레기와 산업 쓰레기는 맑아진 물에 비하면 항상 눈에 거슬렸다. 그리고 생태계 교란 식물인 단풍잎돼지풀, 돼지풀, 환삼덩굴 등도 강의 거의 모든 지역에서 무섭게 자라고 있었다.

7. 2021년 태화강 민물고기 탐사 연수의 이모 저모

8. 이번 탐사 연수에서 발견된 어류

잉어과 잉어아과 잉어	잉어아과 붕어
잉어아과 향어	잉어아과 떡붕어
피라미아과 피라미	피라미아과 갈겨니
피라미아과 참갈겨니NS형	피라미아과 참갈겨니NE형
피라미아과 끄리	모래무지아과 누치

조상제의 태화강 물고기 이야기

1판 1쇄 인쇄 2023년 10월 27일
1판 1쇄 발행 2023년 11월 1일

지은이 ● 조상제
펴낸이 ● 송우섭
펴낸곳 ● 모데미풀

출판등록 ● 2022년 2월 8일(제2022-000021호)
주   소 ● (우 16873) 경기도 용인시 수지구 정든로22 죽전파크빌 901-1201
대표전화 ● 070-8882-8104
전자우편 ● woosubso@naver.com
블 로 그 ● https://blog.naver.com/woosubso

ISBN 979-11-977923-4-2 (03470)

* 책값은 뒤표지에 있습니다.
* 잘못 만들어진 책은 구입한 곳에서 교환해 드립니다.
* 책으로 만들고 싶으신 원고가 있다면(지금 써놓은 원고가 없더라도 좋습니다), woosubso@naver.com으로 연락주세요. 당신이 상상하는 책을 만드는 계획에 모데미풀이 함께 하고 싶습니다.